Ingeburg Maria Schmitz

Amadeii

Bewusstseinsentwicklung in der Neuen Zeit

Durchsagen, Übungen, Meditationen

Smaragd Verlag

Bitte fordern Sie unser kostenloses Verlagsverzeichnis an:

Smaragd Verlag e.K.
Neuwieder Straße 2
D-56269 Dierdorf
Tel.: 02689-92259-10
Fax: 02689-92259-20
E-Mail: info@smaragd-verlag.de
www.smaragd-verlag.de

Oder besuchen Sie uns im Internet unter der obigen Adresse und melden Sie sich für unseren Newsletter an.

© Smaragd Verlag, 56269 Dierdorf
Erste Auflage: Januar 2016
Zweite Auflage: Februar 2016
© Cover: Claudia Maria Karnatjan
www.claudia-maria-lebenskunst.de.
Umschlaggestaltung: preData
Satz: preData
Printed in Czech Republic
ISBN 978-3-95531-123-0

Inhalt

I. Einleitung von Amadeii

Seid gegrüßt, ihr Menschenkinder, und lasst euch sagen, dass ihr einen großen Schritt in die neue Zeitrechnung und in die Neue Energie getan habt. Ihr seid angekommen in der ersten Neuen Zeit der lichtvollen Energien, die von nun an für euch als eine Neue Energie in eurem Wirken schwingen wird, um euch so in eure Veränderung und Entwicklung zu leiten, die sich ausbreitet zu eurer Anbindung an das Universum. Ihr werdet euch durch diesen Schritt vom Erdenbürger zum Bürger aller Universen und Energien wandeln, die sich euch in der Zukunft offenbaren werden. Der erste Schritt eurer neuen Zeitrechnung ist getan, und ihr werdet von nun an eine schnellere Entwicklung zu eurem nächsten Schritt durchleben, der weitere Veränderungen bei euch aktivieren wird. Lasst euch darauf ein. Es ist von eurer Seele so gewünscht, und so wird es geschehen.

Erkennt, dass sich, auch wenn ihr es nicht deutlich seht, eine Neue Energie ausgebreitet hat. Es ist die Energie der Fünften Dimension, die sich seit Ende 2012 für euch voll entfaltet hat und alle Zellen im körperlichen, geistigen und seelischen Bereich verändert und beeinflusst. Ihr seid angekommen, und es ist der Ausgangspunkt für den nächsten Aufstieg in die Energien der Siebten Dimension, die euch an das Universum eurer Brüder und Schwester anbinden und euch somit als Weltenbürger willkommen heißen werden.

Die vergangene Entwicklung war für euch eine heftige, da sich die alten Energien voll in der Schwingung der Polarität befanden, die euch immer wieder eure Schatten demonstrierten und euch in eurem emotionalen Saft haben braten lassen. Diese Entwicklung habt ihr mit einem Erfolg hinter euch gebracht, den wir in den höheren Ebenen des lichten Seins bejubeln. Ihr habt es geschafft, trotz aller Unwägbarkeiten und nicht zu definierenden Hürden. Ihr Lichtgestalten seid die Helden eurer Erde und eures Universums. Ihr habt geschafft, was viele Energiewesen aus unseren Sphären nicht zu hoffen gewagt haben: den

Aufstieg in die nächste Dimensionsebene. Alle neuen und alten Geschehnisse dürfen nun unter einem neuen Vorzeichen von Energien aufgelöst und gelebt werden.

Ihr seid die Helden eures Zeitalters, auch wenn ihr euch so nicht vorkommt und jammernd erkennen wollt, dass sich nichts verändert hat. Dass alles noch so schwer ist wie zuvor. Dass alle eure Emotionen und Taten sich immer noch so vollziehen wie in eurer Vergangenheit. Ihr seid so mit euch beschäftigt, so in eurem Jammern verstrickt, dass ihr das Wunder nicht erkennt.

Seht euch um. Spürt in die neuen Geschehen hinein. Erkennt, dass neue Qualitäten in den Absichten und Umsetzungen zu erkennen sind.

Ihr lebt nun in einem energetisch angehobenen Bereich, und alles Alte wirkt in einer Neuen Energie. Alles hat sich verändert, auch wenn die Themen noch die gleichen sind. Erkennt die Reaktionen, die alte Themen bei euch hervorrufen, und betrachtet euer derzeitiges neues Verhalten und eure Lösungen. Erkennt, dass sich ein Leisetreten und eine Sanftheit bei euch eingestellt haben, die in der Ära der alten Energien bei euch nicht so stark vorhanden waren. Erkennt eure Milde, die sich in eurem Körper und in eurem Geist ausbreitet und dadurch Reaktionen ermöglicht, die in den alten Energien so für euch nicht denkbar waren.

Erkennt aber auch die Chancen, die sich dadurch für euch ergeben. Denn alle alten Themen, die sich bei euch noch nicht verabschiedet haben, dürft ihr nun in den neuen, sanften Energien erkennen, auflösen und verabschieden. So lange, bis ihr frei seid von allem Ballast, der euch an die alten Energien bindet und blockiert und euch dadurch für die Wesenheiten des Universums als Gefahr ausweist.

Durch den Aufstieg habt ihr nun 20 Jahre Zeit, euch so zu verändern, dass auch die letzten Schatten sich für euch klären und auflösen, sodass die Zukunft in der Siebten Dimension für euch Realität werden kann und darf. Deshalb öffnet eure Augen und Sinne und erkennt die Chance eines weiteren Aufstiegs.

Geht nun den leichteren Weg zu den Energien des Einen, die euch immer bewusster werden und ein Erkennen und Auflösen eurer Schatten schneller und einfacher ermöglichen.

Ihr Wesen der Neuen Zeit, lasst euch sagen: Es ist ein Fest und eine Freude für das ganze Universum, und wir bereiten schon den nächsten Aufstieg für euch vor, den ihr gemeinsam mit dem restlichen Universum vornehmen könnt, da die derzeitigen Energien euch das Verabschieden aller Lasten und Schatten der Vergangenheit erleichtern.

Die Liebesenergien und das klare Licht des Einen scheinen stärker auf eure Erde und wirken bei euch liebevoller und sanfter, sodass alles für euch einfacher wird. Doch erkennt auch die Existenz der Schatten, die sich vor diesem Licht verbergen und winden. Sie werden sich wehren und umhüllen, um überleben zu können. Doch die alten Muster der Härte und Heftigkeit haben nicht mehr die Kraft wie in der Vergangenheit und werden schneller erkannt und durchschaut. Alle Intrigen und Unwahrheiten werden für euch les- und vermeidbar, sodass ihr nicht mehr unbewusst involviert und hineingezogen werden könnt in einen Strudel der Schatten, die euch in der Vergangenheit immer wieder mit Dunkelheit belegt haben. Ihr seid Licht, und in diesem Licht werdet ihr nun wirken und den nächsten Aufstieg angehen können, so, wie es vorgesehen ist und ihr es umsetzen könnt. Wir sind bei euch und werden euch auch bei dem Schritt in eine weitere neue Energiezeit begleiten. Ihr schafft es, da ihr es durch eure vergangenen Taten wert seid, zum Licht erhöht zu werden.

In den nachfolgenden Durchsagen werden wir euch erklären, wie ihr euch selbst erhöhen und läutern könnt, damit ihr reine Lichtwesen werdet und den Weg zu dem Einen wieder einen Schritt weitergehen dürft. Seid vollen Mutes. Geht diesen Weg langsam und mit Bedacht. Geht ohne Hast und Drang in die Veränderung. Jede einzelne Übung wird euch eurer Vollendung einen Schritt näherbringen. Übt Geduld und Demut bei dieser

Entwicklung. Geht in die Langsamkeit und in das Erkennen. Seid nur ihr und nicht alle. Kümmert euch in Liebe um euch. So wird jeder für alle strahlen und verändern können.

II. Die 10 Schritte der Läuterung

Seid in der Bereitschaft, Wissen, das für die Neue Zeit notwendig wird, zu empfangen und weiterzugeben. Es ist ein Wissen für neue Entwicklungsschritte, die den Geist und das Handeln der Lebewesen auf eurer Erde und im gesamten Universum betreffen und somit Voraussetzung für den Aufstieg in die Energien der siebten Ebene sind.

Empfangt und klärt, was notwendig ist, zu empfangen und zu klären.

Läuterung betrifft allein euer Denken und Handeln im Miteinander und im Empfinden füreinander sowie im Handeln für euch selbst. Läutert eure Gedanken und Taten. Geht hier in die Veränderung, sodass ihr reine energetische Wesen der zukünftigen Zeit werden könnt.

1. Die innere Stille – Ausschalten eurer Gedanken

Der erste Schritt der Läuterung ist, eure Gedanken und euer Empfinden auszuschalten und eure Konzentration nach innen zu richten und in die innere Stille zu kommen, die euch nicht mehr ablenkt von eurem inneren Kern, der das Schöpferische in euch verbirgt. Ihr seid eine Einheit des Einen und somit voll in der Göttlichkeit allen Seins. Doch werdet ihr dieses Göttliche nicht im Außen finden, sondern nur in euch selbst. Tief in eurem Inneren habt ihr all das Bewusstsein, das ihr benötigt, um euch auf das Neue und Göttliche einzustimmen. Kein Ablenken, keine Gedanken, kein Empfinden im Außen. Nur das Sein in der Stille aller Klänge, das eure Zellen zum Schwingen bringen und die Erinnerung an eure Herkunft wieder in euer gelebtes Bewusstsein bringen wird.

Tief in euch ist die Stille, die euch eine gelebte Ewigkeit verborgen war, und es ist der erste Schritt der Läuterung, wieder zu eurer Stille zurückzufinden, um euch so wieder an euer göttliches Sein zu erinnern und anzubinden.

1.1 Übung

Schließe deine Augen, atme tief in deinen Körper hinein, schalte deine Gedanken und deine Vernunft aus, gehe in das Nichts und fühle nur die Stille, die sich dir auf diese Weise offenbart. Atme weiter in deinen Körper hinein und sei ganz bei dir. Spüre die Ruhe und die Stille und erlebe die Fülle des Nichts als Geschenk für deine Seele, deinen Geist und deinen Körper. Lass alle Gedanken gehen und rufe keine weiteren Gedanken herbei. Komm in die Schwere deines Körpers und lass alles fallen, was dich belastet. Lass los und sei einfach nur da, ohne Absicht, ohne Gedanken. Lass alles so geschehen, wie es geschehen soll.

Diese Übung ist für euch nicht einfach, da euer Verstand euch permanent mit Hilfe unterschiedlicher Gedanken daran hindern möchte. Unterbindet euren Verstand mit einem Nein. Weist ihn in seine Grenzen. Er hat bei euch nur zu wirken, wenn ihr es ihm erlaubt. Übt, mit eurem Verstand in die Kommunikation zu gehen und sein Wirken zu unterbinden, so, wie ihr es möchtet. Je öfter und länger ihr diese Übung praktiziert und euren Verstand in seine Grenzen verweist, umso leichter wird es euch gelingen, in die Stille zu kommen. Verzweifelt bitte nicht an euch. Hier ist immer wieder üben und üben der Weg, der euch zu eurer Stille führt.

1.2 Übung

Nimm über deine Hände Kontakt zu dem Zentrum deines Inneren Kindes auf. Du findest es im Bauchbereich unterhalb deines Bauchnabels. Lege beide Hände auf deinen Bauchbereich und lass über deinen Geist liebevolle Gedanken über deine Hände zu deinem Inneren Kind fließen. Konzentriere dich auf diesen Bereich. Gehe in Kontakt und spüre die Harmonie und die Stille zwischen euch. Lass es wirken, sooft du es für notwendig empfindest. Spüre dich und dein Inneres Kind und lass alles um euch herum unwichtig werden. Kommt in eure gemeinsame Stille.

Wenn ihr es geschafft habt, eure Stille zu erfahren, dann gönnt euch diese Erfahrung regelmäßig zu eurem eigenen Wohlbefinden. Wenn es möglich ist, führt eine der beiden Übungen einmal am Tag aus oder kombiniert beide. Schaltet euren Verstand ab und führt euch in die Ruhe. Die Ruhe, die ihr benötigt, um den Weg in die Stille zu finden und den ersten Schritt der Läuterung zu gehen.

2. Geschehen lassen – Werdet Herr über eure Emotionen

Der zweite Schritt der Läuterung betrifft eure Emotionen und Gedanken, derer ihr euch bewusst werden sollt.

Seht euch eure Emotionen und Gedanken an und fragt euch nach ihrem Sinn und Grundgedanken. Lernt, um euch auf diese Weise eurer Gedanken bewusst zu werden. Führen sie euch in die Weiterentwicklung oder lösen sie euch ab von dem Entwicklungsprozess, um euch durch die reine Emotion und Empfindung in die Irre zu leiten? Übt euch hier im Geschehen-Lassen, ohne zu werten oder zu reagieren. Reflektiert euch selbst und erkennt, welche Emotionen und Gedanken euch verleiten, gegen euch oder andere Lebewesen zu handeln. Erkennt dieses

Geschehen, schlüsselt es auf und lasst es sich dann in Liebe umwandeln und verabschieden.

Beim zweiten Schritt der Läuterung geht es um das Geschehen-Lassen. Es ist keine Ignoranz um ein Geschehen, sondern in Ruhe zu reflektieren und es in Zukunft anders anzugehen, ohne Emotionen und Ärger, ohne Verletzungen und ohne ein Geschehen gegen etwas zu richten oder zu bewerten. Lernt, euch nicht einzumischen, wo ihr euch nicht einzumischen habt. Lasst es ohne emotionale Wallung geschehen. Das bedeutet nicht, dass ihr Unrecht geschehen lassen und wegsehen sollt. Nein, es bedeutet, dass ihr Unrecht ohne Wertung deutlich reflektieren könnt und so auf eine Veränderung hoffen dürft, da jedes Lebewesen von nun an in den Neuen Energien wirkt und auf seine Weise erkennen wird, was Unrecht ist. So erhält jedes Lebewesen die Chance, sich ohne Verurteilung in die Veränderung und Liebe zu begeben, die für die zweite Form der Läuterung notwendig ist. Alle nicht involvierten Lebensformen haben die Aufgabe, die Tat zu spiegeln, ohne Emotion und Wallung, sondern in neutraler Klärung und Liebe.

2.1 Übung

Lass dich von deinem Geist in eine Emotion in der Vergangenheit hineintragen, die in dir eine starke verletzende Situation hervorruft. Begib dich in diese Situation hinein. Sieh sie dir an, ohne deinen Emotionen Raum zu geben. Drehe und wende die Situation und betrachte sie wie ein Außenstehender, der sich einen Film ansieht. Dann wandle deine Empfindungen um in ein liebevolles Annehmen einer Erfahrung. Schau diese Situation und die damit involvierten Lebewesen an und sei bereit, zu erkennen, loszulassen und zu verabschieden. Gib diese Erfahrung der Verletzung in ein Blatt Papier und zünde dieses gedanklich an. Lass sich alles verabschieden und in Energie umwandeln, so, wie es sich für dich gut anfühlt.

Affirmation:

„Ich lasse diese Verletzung, Gedanken und Emotionen los. Ich verabschiede und verzeihe, damit dieses Geschehen keine Gegenwart und keine Zukunft bei mir hat. Ich bin befreit von diesen Emotionen, und ich darf geschehen lassen und loslassen. Ich bin frei."

2.2 Übung

Nimm über deine Hände Kontakt zum Zentrum deiner Emotionen auf. Dieses befindet sich im Oberbauchbereich oberhalb deines Bauchnabels. Lege beide Hände auf deinen Oberbauch und lass über deinen Geist liebevolle Gedanken durch deine Hände zu deinen Emotionen fließen. Konzentriere dich auf diesen Bereich. Gehe in Kontakt und spüre die Emotionen und Gemütswallungen, die sich dort abgespeichert haben. Atme tief in diesen Bereich, binde bei jedem Ausatmen eine Emotion an deinen Atem und lass sie sich in Liebe verabschieden.

Spüre und atme sooft ein und aus, bis du eine Erleichterung in deinem Zentrum der Emotionen verspürt. Lass es sooft wirken, wie du es für notwendig empfindest und in der Lage bist, ohne Wertung und Verurteilung emotionslos geschehen zu lassen. Verändere die Emotion in Liebe, und du wirst leichter.

Affirmation:

„Ich darf Situationen geschehen lassen. Ich brauche keine Bewertung und Verurteilung. Ich erkenne, was ich zu lernen habe, und darf es für mich ohne Emotionen in Leichtigkeit umwandeln. Mein Leben wird dadurch leichter. Ich bin leicht."

Führt diese beiden Übungen durch, wann immer ihr das Bedürfnis habt oder erkennt, dass euch noch Emotionen anhaften, die euer zukünftiges Leben blockieren.

Seid bitte nicht traurig, wenn sich gewisse Emotionen und Muster erneut bei euch zeigen. Es dauert eine Zeit, bis sich der zweite Schritt der Läuterung in eurem Geist und in euren Emotionen manifestiert hat. Doch seid voller Zuversicht. Wenn ihr reinen Willens seid, werdet ihr es schaffen.

3. Gemeinsame Kommunikation in Liebe – Liebevolles Denken und Handeln

Der dritte Schritt der Läuterung betrifft die neue Art der gemeinsamen Kommunikation. Hier steht das liebevolle Denken und Handeln im Vordergrund. Miteinander in Liebe und allezeit in Würdigung des Einzelnen in seinem Sein in Kontakt zu treten. Kommunizieren über Gegenstände oder Handlungen. Erkennen, welche Absicht in Liebe hinter dem Handeln steht und wie es für die allgemeinen Lebensformen auf der Erde und im Universum verdeutlicht werden kann. Kommunikation bedingt neben einem liebevollen Denken und Handeln das Sprechen einer gemeinsam verstandenen Sprache, die alle in der Grundbasis beherrschen. Eine gemeinsame Sprache, die ihr derzeit alle schon beherrscht, ist die der Ausdrucksform und Mimik.

Geht dazu über, eure Gesten und Mimik liebevoller und einladender zu gestalten. Lernt, Signale zu senden, die eure Umgebung einladen, mit euch gemeinsam einen kleinen Moment zu verbringen und diesen miteinander zu genießen. Lernt, miteinander und nicht gegeneinander zu kommunizieren. Lernt, eure Gestik zu kontrollieren, um so die Liebe und nicht die Konfrontation zu verdeutlichen. Lacht und seid offen in eurer Mimik und Gestik. So sendet ihr Signale aus, die andere Lebensformen zu euch hinziehen, um so ein harmonisches Miteinander zu erleben. Seid offen und freundlich, regt liebevolle Gesten in euch an, und ihr werdet erleben, dass auch die Gesten der anderen in ihrer Kommunikation liebevoller und offener werden.

Kommuniziert in Liebe, nicht nur durch Worte, sondern verstärkt durch liebevolle Gesten. Dann werdet ihr ein Miteinander erreichen, das voller Freude und Harmonie sein wird. Lernt, in Liebe zu kommunizieren und geht der Konfrontation und anderen Emotionen, die euch herunterziehen, aus dem Weg. Bleibt in eurer Mitte und lasst euch nicht in diese Emotionen hineinziehen, dann haben sie auch keine Wirkung auf euch. Kommuniziert, ohne Aggressionen zu säen. Bleibt neutral und liebevoll, so wird eine neue Basis der Kommunikation geschaffen, die trotz gegensätzlicher Meinungen Harmonie nach sich ziehen wird.

3.1 Übung

Gehe in dein Herzzentrum, das Zentrum der Liebe, und lass sich deine Liebe entwickeln und stark werden. Lass sie liebevoll in Form eines Energieballs heranwachsen, der sich zu deinem Kehlkopfzentrum ausdehnt. Spüre dieses Gefühl der Liebe und der Kraft. Dann lass über deine Lippen diese liebevolle Kraft in Form von Klängen, Lauten und Gesang nach außen dringen. Spüre und höre diese Energien, die von Liebe geprägt sind. Lass sie über deine Lippen nach außen wirken, hin zu deinen Chakren-Außenhüllen und noch weiter. Lass sie wirken, ohne deinen Gedanken Raum zu geben. Fühle nur die Liebe zu allem und artikuliere sie nach außen.

So ist ein Anfang gemacht, eure Gefühle liebevoll nach außen und zu anderen Lebewesen zu senden. Und wann immer ihr ein Gefühl der Aggression verspürt, kommt in den liebevollen Gesang und wandelt diese Aggression in Liebe um.

3.2 Übung

Nimm über deine Hände Kontakt zum Zentrum deiner Liebe und Kommunikation auf. Diese sind zum einen im Herzbereich und zum anderen im Halsbereich, Höhe Kehlkopf, zu finden. Lege jeweils eine Hand auf deinen Herz- und eine auf deinen Halsbereich und lass von deinem Herzen Liebe zum Halsbereich fließen. Denke an etwas Schönes und lass Worte über diese schöne Situation über deine Lippen kommen.

Dann stimme dich wieder auf deinen Herz- und Halsbereich ein und denke an eine unangenehme Situation. Versuche, die Liebe von deinem Herzen weiter zu spüren und singe liebevoll den Ton „A", um auf diese Weise die Situation in einen Laut der Veränderung zu transformieren. Lass deine Emotionen in diesen Laut fließen. Konzentriere dich so lange auf diesen Laut, bis sich deine Emotionen verändert haben. Dann atme noch einmal tief ein und laut aus und komme in die Veränderung.

4. Liebevolles Annehmen von euch selbst – Keine Bewertung und Verurteilung

Der vierte Schritt der Läuterung ist bei euch selbst zu finden. Lasst alle Bewertungen und Verurteilungen in der Vergangenheit und schafft euch für die Zukunft ein liebevolles Erkennen und Annehmen. Lernt als Erstes, euch so anzunehmen, wie ihr seid. Schaut euch liebevoll an und erkennt, welche Aspekte euch weg von eurer Liebe bringen. Schaut, welche Verhaltensweisen euch weg von einem liebevollen Verhalten und welche gelernten und anerzogenen Gedanken euch weg von eurer inneren Ruhe bringen.

Seht euch an, erkennt euch und euer Verhalten und macht euch Gedanken, wann ihr und euer Verhalten nicht in der Liebe wirkt und wie ihr es verändern und in die Liebe bringen könnt.

Aber bitte ohne Bewertung und Verurteilung. Nehmt euch so an, wie ihr seid, und geht liebevoll in die Veränderung, wenn es notwendig ist. Jedes Erkennen ist der erste Schritt in die Veränderung und kann liebevoll angesehen werden.

Ihr habt in eurer Einmaligkeit schon die höchste Entsprechung in der Existenz des Einen, doch in eurer jetzigen Daseinsform habt ihr die Aufgabe, nicht perfekt zu sein, sondern durch eure Fehler zu lernen. Und diese Aufgabe bedingt ein Angehen in Liebe und nicht in der Verurteilung.

„Wacht auf, erkennt die Zeit. Geht in die Wandlung, bis ihr die Zukunft seid."

Diese meine Worte an euch beinhalten alles. Dieser Aufruf bittet euch, aufzuwachen, zu erkennen und zu verändern. Aber bitte nicht in Bewertung und Verurteilung, sondern in einem liebevollen Annehmen von euch selbst, so, wie ihr seid.

4.1 Übung

Atme Licht und Liebe in deinen Herzbereich. Lass über deinen Atem helles gelbliches Licht in diesen Bereich strahlen, der sich bei jeder weiteren Einatmung zu einem Energieball vergrößert. Bei jedem Ausatmen wandert Energie, die in Liebe umgewandelt werden darf, über deinen Mund nach außen.

Atme so lange ein und aus, bis sich ein großer energetischer Ball, ähnlich der Sonne, gebildet hat, der sich gut für dich anfühlt. Dann ziehe diesen Energieball in Gedanken zu deinem rechten Brustbereich und lass ihn dort fließen und wirken. Nur für dich und zu deinem höchsten Wohl. Das ist der Bereich deiner Eigenliebe, der so geklärt und gestärkt werden kann. Fühle es und nimm es als Geschenk von dir selbst an. Du bist es wert, deinen Bereich der Eigenliebe liebevoll aufzubauen und in Ener-

gie strahlen zu lassen. Erfülle diesen Bereich weiter mit der Liebe deines Herzzentrums. Lass weiter die Energie dorthin fließen, damit du erkennst, wie wertvoll du bist. Du bist wertvoll und hast das Recht, dich wertvoll zu fühlen.

Liebt und nehmt euch so an, wie ihr seid. Ihr habt alles Recht dazu. Lasst eure Eigenliebe auf diese Weise wachsen, bis ihr in Gedanken, Worten und Taten liebevoll zu euch seid. Bis ihr euch so annehmen könnt, wie ihr seid. Und genießt den Frieden, der sich durch diese Übung in eurem Körper und eurem Geist ausbreitet.

4.2 Übung

Lege einen Rosequarz auf deine rechte Brust und lass die Energie dieses Steins auf deinen Bereich der Eigenliebe wirken. Ist kein Rosenquarz griffbereit, nimm ein rosa Stück Papier oder Stoff oder lass in Gedanken rosafarbenes Licht über deine Hände in den Bereich der Eigenliebe fließen. Mit diesen Hilfsmitteln aktivierst du das Fließen von Liebesenergie in das Zentrum deiner Eigenliebe.
Sprich während dieses Prozesses: „Ich habe das Recht, Liebesenergien in diesen Bereich fließen zu lassen, bis ich die Liebe zu mir empfinden und annehmen kann."

Kommt so immer wieder in eure Eigenliebe, bis ihr euch so annehmen und lieben könnt, wie ihr seid, ohne Selbstverurteilung, Bewertung oder Vergleich.

5. Akzeptieren aller Lebewesen – Keine Bewertung und Verurteilung

Der fünfte Schritt der Läuterung betrifft das Bewerten und Verurteilen anderer. Auch ihr seid durch eure Erziehung hierin ein Meister geworden, obwohl es nicht anstand, eine Meisterschaft zu gewinnen. Vergesst das Anerzogene, die Verhaltensregeln der alten Zeit, die eher auf Konfrontation statt auf Miteinander, die eher auf Vergleichen statt auf Akzeptieren und Annehmen ausgerichtet waren. Geht auch hier in eure Ruhe und versucht, jeden Einzelnen so zu akzeptieren, wie er ist.

Das bedeutet nicht, dass ihr von nun an alle Lebewesen lieben müsst, sondern jedes Lebewesen so annehmt, wie es existiert. Ihr habt auf der Erde den freien Willen, und dieser ermöglicht euch nach wie vor, mit Lebensformen in Kontakt zu sein, die ihr mögt. Bei anderen Lebensformen, die in eurem Gefühlsleben ein ungutes Gefühl produzieren, habt ihr ebenfalls durch euren freien Willen die Möglichkeit, Distanz aufzubauen, die euch ein Miteinander in gegenseitigem Respekt ermöglicht. So wird es in Zukunft sein. Alle werden so akzeptiert, wie sie sind, ohne Bewertung und Verurteilung. Dann geht es schon leichter, als ihr es euch momentan vorstellen könnt.

Ich habe durch mein Channel-Medium Ingeburg Maria eure Gefühlswelt erfahren dürfen und verstanden, wie stark euch eure Emotionen in die Versuchung bringen können. Doch auch mit euren Emotionen ist es möglich, ohne Konfrontation und Bewertung leben zu wollen. Ich sage hier bewusst *wollen* und nicht *können*, da jedes „Das kann ich nicht" eigentlich bei euch bedeutet: „Das will ich nicht!"

Und so rufe ich euch auf: Geht in euer bewusstes Können und Wollen und versucht, Bewertungen und Verurteilungen nicht aufkommen zu lassen. Es ist ein langer Weg mit vielen Abweichungen von diesem fünften Schritt der Läuterung, doch wenn ihr täglich übt, diesen Schritt bewusst zu gehen, werdet ihr erkennen, wie Leichtigkeit in eure Gedanken kommt und sich euer Verhalten leichter in die Liebe begeben kann, als ihr denkt. Und bitte, seid auch bei dieser Übung nicht ungeduldig mit euch. Ein Veränderungsprozess muss reifen und benötigt seine Zeit. Seid geduldig und liebevoll bei allen Verfehlungen in diesem Bereich. Das bewusste Erkennen ist schon der erste Schritt, das Umsetzen der zweite und das komplette Leben nach dem fünften Schritt der Läuterung das gewünschte Ergebnis für die Zukunft.

5.1 Übung

Bitte atme tief ein und aus. Nimm mit jedem Atemzug Liebesenergie in deinen Körper und bei jedem Ausatmen Energien der Last und Emotionen aus deinem Körper heraus.

Atme so lange ein und aus, bis du in deiner Ruhe und Mitte bist. Dann stell dir vor deinem Dritten Auge einen Energieball vor, der in seiner Farbe noch neutral ist. Nun stell dir eine liebevolle Situation in deinem Leben vor und fülle den Energieball mit der Farbe deiner liebevollen Erinnerung. Sieh dir die Farbe an. Es ist die Farbe, die du mit deinem Herzen und deinem Geist produzierst, wenn du in der Liebe bist.

Nun stell dir eine Situation in deinem Leben vor, die dich verletzt hat oder unangenehme Erinnerungen in dir hervorruft. Lass diese Emotionen ebenfalls in den Ball hineinfließen. Dann sieh dir die Farbe des Energieballs an. Hat der Ball überhaupt eine Farbe, oder ist er dunkel?

Erkenne, dass dies die Farbe ist, die dich von deiner Liebe entfernt. Versuche nun, trotz dieser nicht sehr freundlichen Gedanken, deinen Ball wieder in die Energiefarbe der Liebe umzuwandeln.

Versucht es immer wieder, so lange, bis sich der Energieball trotz eurer gedrückten Emotion in die Farbe der Liebe umwandelt, und ihr werdet erkennen, dass die Situation sich verändert. Sie belastet euch nicht mehr so stark wie in der Vergangenheit. Versucht es immer wieder, bis euer Energieball sich direkt in eure Liebes-Energiefarbe verwandelt. Seid voller Zuversicht, dass ihr es nach einigem Üben schaffen werdet, euer Gedankengut in Liebe umzuwandeln, so, wie es sich dieser Veränderungsprozess der fünften Läuterung von euch wünscht.

5.2 Übung

Bitte die Geistige Welt bei dieser Übung um Hilfe. Lege deine Hände auf deinen Solarplexus, den Raum über deinem Bauchnabel, und auf dein Sakralchakra, den Bereich unterhalb deines Bauchnabels. Spüre bewusst in diese Bereiche hinein. Fühlst du Emotionen, erkennst du Verletzungen, oder ist in diesen Bereichen alles wie abgestorben? Nimm deine Empfindungen bewusst wahr und sei bereit, diese Bereiche in Liebe zu beleben.

Nun lege deine Hände auf den Bereich deines Herzen und lass über deine Hände Liebe zu deiner Seele fließen. Tanke deine Seele auf, in dem Bewusstsein, Liebesenergie zugeführt zu bekommen, und je stärker bei dir die Empfindung ist, dass Liebesenergie zur Seele fließt, umso leichter wird es dir fallen, diese Energien in die Bereiche von Solarplexus und Sakralchakra fließen zu lassen.

Sollte deine Gedankenkraft das noch nicht hinbekommen, lege jeweils eine Hand auf dein Herzchakra und eine Hand auf deinen Solarplexus oder dein Sakralchakra. Vertraue darauf, dass ein Energiemangel sich automatisch ausgleicht. Ein Mehr an Energie fließt immer nach einem Punkt des Mangels. Fülle auf diese Weise deine beiden Bereiche der Verletzungen mit Liebesenergie auf, und das Mangelgefühl wird sich aufheben und die Verletzung gelindert. Stell dir während dieses Prozesses immer wieder Menschen vor, die deine Emotionen in Wallung bringen können, und wandele diese in Akzeptanz oder sogar in Liebe um.

Macht diese Übung bitte regelmäßig, da eure Verletzungen reichhaltig sind und euch heute noch so stark blockieren, dass sie euch den Weg, der für euch Neue Zeit und Veränderung bedeutet, immer noch verschatten.

6. Auflösung karmischer Ahnenverbindungen – Leben ohne Schuld

Der sechste Schritt der Läuterung ist der des Loslassens von vorgegebenen Mustern in der Vergangenheit, die ihr durch eure Eltern und Urahnen von der Zeugung und Geburt an in euch tragt. Lasst sich alles Vergangene, das mit Erblast und miasmatischer Energie als Schwingung in euren Zellen verbunden ist, verabschieden. Es ist nicht mehr eure Aufgabe, in diesem Karma zu leben. Es wurde in vielen Inkarnationen gelebt und hat jetzt und heute die Chance, sich in Vergebung und Loslösung umzuwandeln.

So ist es jetzt eure Aufgabe, euch eure Ahnen und ihr Wirken bewusstseinsauflösend anzuschauen. Seht den Sinn hinter dieser karmischen Verbindung, die über viele Jahrtausende aufgebaut wurde, und geht in die Auflösung und Verabschiedung. Es ist vergangen, und es bleibt vergangen. Es hat in dieser Zeit über euch keine Macht mehr. Keine Schuld muss mehr erlebt oder abgetragen werden.

6.1 Übung

Stelle dir gedanklich deine Eltern und Großeltern vor, die vor dir stehen und ihre Hände nach dir ausstrecken. Betrachte sie bewusst und ausgiebig. Erkenne die Gleichheit und Ähnlichkeit, die euch verbindet. Schicke viele liebevolle Gedanken von deinem zu ihren Herzen und bedanke dich dafür, dass sie dir die Möglichkeit geschaffen haben, in ihren Energien eine Existenz aufzubauen. Sei dankbar dafür.

Nun sieh vor dir einen mit einem großen Leinentuch geschmückten Tisch. Gehe auf diesen Tisch zu und lege alle ererbten und anerzogenen Gedanken und Verhaltensmuster in dieses Leinentuch. Betrachte genau, was du zusammenträgst und frage dich, ob du diese Gedanken und Verhaltensmuster noch als Stütze brauchst oder sie in Liebe in dieses Tuch legen kannst. Dann überlege dir auch körperliche Muster, zum Beispiel Alkoholsucht, Fettleibigkeit, Krankheiten und Ähnliches, die du über deine Ahnen geerbt hast und dir in deinem derzeitigen Leben Probleme bereiten, und lege diese ebenfalls in das Leinentuch. Sollte dir darüber hinaus noch etwas einfallen, das du abgeben möchtest, lege auch dieses in das Leinentuch.

Nun binde das Leinentuch fest zu einem Bündel und hauche zum Abschied einmal deinen Atem darauf. Jetzt drehe dich zu deinen Ahnen und überreiche der Ahnenenergie, die dir die Hände entgegenstreckt, das Leinentuch mit den Energien, die du zurückgeben möchtest. Die Ahnin oder der Ahne, deren/dessen Hand ausgestreckt ist, ist für diesen Prozess von allen anderen Ahnen aus deinen Generationsenergien ermächtigt worden. So überreiche das Leinenbündel in Liebe und verabschiede dich in Demut von dieser Geschenklast mit der Bitte um Rückführung und Auflösung für dich und deine Themen, die von den Ahnen gesetzt wurden. Tritt zurück und verabschiede die Energien deiner Ahnen. So ist es dir jetzt möglich, deine Ahnenlast loszulassen und deinen eigenen Weg zu gehen, ohne Vorbestimmung.

Für jeden Leser, der seine Ahnen, Mutter, Vater und andere Verwandte nicht kennen sollte: Die Geistige Welt kennt alle Verbindungen, und eure Ahnen werden durch eure Absicht zu euch geschickt, auch wenn ihr sie nicht kennt. Vertraut auf die Geistige Welt. So soll es geschehen.

6.2 Übung

Lege deine Hände auf deinen Bauchnabel. Lass dort Liebesenergie fließen, bis du spürst, dass sich der Bauchnabel weitet und dich in die Sphären deiner Aura hochdrückt. Lass dich führen, ohne Gedanken kreisen zu lassen. Lass einfach geschehen. Wenn deine Hände auf deiner Aura liegen, bitte in Gedanken deine Mutter und deinen Vater, über eure Nabelschnurverbindung die Energien zu ihnen zurückfließen zu lassen, die du für dieses Leben geerbt hast und die nicht gut für dich sind. Lass diese Energien fließen, indem du sie aufrufst und über deine Aura zu deinen Eltern fließen lässt.

Nachdem alle Energien, die du nicht benötigst, über die Bauchnabelverbindung zur Aura und dann zu deinen Eltern geflossen sind, verabschiede und bedanke dich für die Rücknahme der Ahnenenergie. Dann konzentriere dich bitte wieder auf deinen Bauchnabel und schließe den Energiefluss gedanklich.

Achtung: Bitte nur den Energiefluss schließen und nicht die Verbindung der Silberschnur an die Geistige Welt unterbrechen oder gar abschneiden. Das könnte die Silberschnur, die euch mit der Geistigen Welt und euren Ahnen verbindet, für immer schädigen oder gar loslösen. Dann ist dieses Lebewesen hier alleine in seiner Daseinsform, ohne Anbindung an die Geistige Welt und die Ahnenenergien.

Zu diesem Thema verweise ich auf das Thema „Fremdbestimmende Energien", dem wegen der Komplexität und Wichtigkeit ein gesondertes Kapitel gewidmet wurde.

7. Erkennt eure energetische Herkunft – Ursprung und Existenz

Der siebte Schritt der Läuterung steht in Verbindung mit eurem wirklichen Sein, das sich in eurem Leben bis heute nicht deutlich gezeigt und gewirkt hat. Kommt wieder in das Bewusstsein über eure Einmaligkeit von Ursprung und Existenz. Erkennt wieder eure energetische Herkunft und lebt in dem Bewusstsein, dass ihr aus dem Ursprung geboren und aus der Einheit des Einen geschaffen seid. Erkennt eure Einmaligkeit, aber auch euer Strahlen auf dieser Ebene des Seins, aus der ihr hier in dieser Welt inkarniert seid, um die Erfahrung der Mannigfaltigkeit zu erleben, die für das ganze Universum steht. Erkennt euren Ursprung und kommt wieder in die Einmaligkeit euren Seins.

7.1 Übung

Schließe deine Augen und spüre tief in dich hinein. Spüre das Pochen deines Blutes, die Informationen deines Geistes und spüre in dein Dasein, das dir in diesem grobstofflichen Leben eine Gefühlswelt offenbart, die du in der Anderswelt der Feinstofflichkeit so nicht erleben kannst.

Während du dich auf deine grobstofflichen Einheiten einstimmst, erscheint ein heller Strahl über deinem Kopfbereich und fließt über deine Aura in deinen Körper. Lass diesen Strahl deinen ganzen Körper durchdringen, jede einzelne Zelle und jedes einzelne Organ durchfluten. Spüre die Kraft, die durch diesen

Strahl durch dich hindurchfließt, und erlebe die Stärke, die dich belebt. Es ist ein Strahl des Einen, durch den du entstanden bist und auf den alle deine Zellen, und vor allem dein genetischer Kode, reagieren. Spüre bewusst diesen Strahl und erfülle dich damit, in dem Bewusstsein, einen Teilaspekt davon hier leben zu dürfen, auch wenn du dir dessen bisher nicht bewusst warst.

Lass dich weiter auftanken durch dieses göttliche Licht. Werde kraftvoll, stark und bewusst. Es wird sich eine Leichtigkeit bei dir einstellen, die du geschehen lassen darfst. Du bist in der Leichtigkeit geboren, und dein Weg wird wieder Leichtigkeit sein, wenn du den göttlichen Strahlen die Erlaubnis gibst, immer wieder für dich und in dir zu wirken. Lass es zu und finde zu deinem Ursprung der Leichtigkeit. Werde leicht.

Halte diese Leichtigkeit so lange bewusst in deinem Körper, wie du es möchtest. Wenn dein Körper voller Leichtigkeit ist, gestatte dem Strahl, sich wieder von dir zu verabschieden, und komme wieder ganz in dein körperliches Bewusstsein hinein.

Ihr seid nun nicht mehr die, die ihr vor dieser Übung wart. Nein, ihr habt euer Licht des Ursprungs spüren dürfen und seid ein Stück leichter geworden.

7.2 Übung

Lege deine Hände auf dein Kronenchakra und lass Heilenergien über deine Hände in deinen Körper fließen. Verbinde dich gedanklich mit deinem Geist und bitte ihn, vor deinem geistigen Auge Bilder entstehen zu lassen, die dir deine Herkunft deutlich machen. Bitte darum, dass dir Symbole oder Farben gezeigt werden, die für deine Daseinsform wichtig und wertvoll sind. Zeichne diese Symbole auf oder male sie mit sichtbaren Farben.

Diese Symbole und Farben dienen euch in Zukunft bei der Anbindung an euren Ursprung. Ihr könnt euch mit ihrer Hilfe an eure geistigen Führer anbinden, die euch hilfreich zur Seite stehen und mit deren Unterstützung ihr in die Veränderung gehen könnt. Ebenfalls könnt ihr mit diesen Farben und Symbolen krankhafte Stellen in eurem Körper oder euren Chakren behandeln und so euren Zellen die Information ihres Ursprungs zurückgeben. Testet euch mit diesen Symbolen und Farben aus und lasst euch führen, damit ihr erfahrt, was ihr damit alles für euch verändern könnt.

8. Anerkennung eurer Beseelung – Wissen aus alten Leben

Der achte Schritt der Läuterung ist das Anerkennen eurer Beseelung, die euch den Zugang und das Wissen aus vielen Inkarnationen ermöglicht und euch in dieser Zeit die Möglichkeit deutlich macht, alles aus der vergangenen Informationsfülle und Erlebniswelt im Hier und Jetzt zu aktivieren und ein Bewusstsein zu schaffen, das es euch ermöglicht, euren Lebensweg und eure Erfahrung in der Fülle des alten Wissens zu erleuchten und zu erleichtern, damit die Veränderung euch in die Zukunft der Beseelung und Erleuchtung führt, so, wie es Ziel war bei der Schaffung eurer Einmaligkeit. Zu leben weit ab von dem Einen, aber wieder hinzufinden und sich weiterzuentwickeln aus und hin zu dem Einen.

8.1 Übung

Atme tief in dein Herzzentrum ein und wieder aus. Bei jedem Atemzug füge deiner Seele Lebensenergie zu, und bei jedem Ausatmen gibst du Belastungen aus deinem Herzbereich hinaus zur Transformation. Deine Seele ist der Teil in dir, der zusammen mit dir eine Entwicklung zu durchleben und einen Auftrag zu erfüllen hat. Dieser Auftrag ist dein Lebensauftrag, der schon zu Anbeginn deiner Inkarnation festgeschrieben war und in allen anderen Inkarnationen ebenfalls formuliert wurde und war.

So bitte ich dich noch einmal: Atme tief in deinen Seelenbereich, den du in deinem Herzzentrum finden kannst, und verbinde dich gedanklich mit deiner Seele.

Atme so lange weiter ein und aus, bis sich dir eine Treppe offenbart, die du hinunter in den Seelenraum gehen darfst. Unten angekommen, siehst du einen großen, hellen Raum, der sich dir freundlich und weit geöffnet präsentiert. Während du dich umsiehst, erkennst du eine Tür, die sich vor dir öffnet. Gehe zu der Tür und betritt den Raum dahinter. Hab keine Angst, es ist der Raum des ewigen Wissens deiner Seele, und heute ist es dir erlaubt, hineinzugehen und etwas über deine Seele zu erfahren.

In dem Raum steht ein Tisch, auf dem ein Buch liegt. Es ist dir gestattet, dieses Buch zu berühren und aufzuschlagen. Schau in dieses Buch hinein. Sollten sich dir Zeichen und Schriften offenbaren, ist es dir erlaubt, in diesem Buch deines Seelenwissens, deiner Akasha-Chronik, zu lesen. Lies, so viel du möchtest, da du nun die Gelegenheit hast, etwas aus deinem Seelenwissen sowie deinen vorherigen Aufgaben und deiner aktuellen Aufgabe zu erfahren.

Sollte dir dieses Wissen noch nicht deutlich offenbart werden, ist es noch nicht der richtige Zeitpunkt, dir alle Aufgaben aufzuzeigen. Dann lege liebevoll deine Hände auf das Buch und lass dich gemeinsam mit deiner Seele darauf ein, die Energien zu fühlen.

*Bleibe so lange in diesem Raum, wie es sich für dich gut an-
fühlt. Danach verlasse den Raum, bedanke dich bei deiner Seele
und steige die Treppe hinauf in dein bewusstes Dasein. Atme
wieder tief in deinen Körper. Spüre dich und alles, was zu dir
gehört, und tritt wieder in dein Bewusstsein.*

Diese Meditation dürft ihr sooft wiederholen, bis ihr euch
all eurer Seelenaspekte bewusst seid. Ihr habt nun die Erlaubnis
dazu erhalten.

8.2 Übung

*Lege deine Hände auf dein Herzzentrum, dem Sitz deiner
Seele, und lass liebevolle Gedanken über deine Hände zu deiner
Seele fließen. Visualisiere die Farben Rosa und Grün und lass
sie ebenfalls zu deiner Seele fließen und dort wirken. Spüre, wie
dein Herz und deine Seele sich bei dieser Übung immer mehr in
eine tiefe Atmung und Leichtigkeit hineinbegeben können und
du so deiner Seele deutlich machen kannst, dass du weißt, dass
sie da ist und für dich wirkt. Du lässt so der Seele Heil- und Liebesenergie zukommen.*

Geht auf diese Art immer wieder in Kontakt zu eurer Seele
und lasst sie dadurch wachsen und strahlen. So werdet auch
ihr wachsen und strahlen können und in dieser Symbiose euren
Weg gemeinsam gehen und eure Aufgaben erfüllen können.

9. Verabschiedung der grobstofflichen Macht – Der Weg in die Liebe

Der neunte Schritt der Läuterung ist die Auflösung eurer materiellen und grobstofflichen Verhaltensweisen im Denken und Handeln in und um euch herum. Weg von allem, was in der Neuen Zeit keinen Wert und Bestand haben kann und wird. Die Leichtigkeit, die Feinstofflichkeit, die Liebe und das Miteinander in einer Neuen Zeit wird mit dem neunten Schritt bewusst eine Veränderung bewirken, die alle grobstoffliche Macht der Vergangenheit verabschiedet.

9.1 Übung

Schließe deine Augen und komme in deinen Frieden und in deine Leichtigkeit. Stell dir eine Theaterbühne vor, auf der sich alle Gegenstände, Taten und Menschen befinden, die in deinem bisherigen Leben einen Wert für dich dargestellt haben. Geh auf diese Bühne und schau dir alles sehr bewusst an. Dann frage dich bei jedem einzelnen Symbol: „Brauche ich dieses Symbol? Macht es mich wirklich glücklich? Wertet es mich in diesem Leben auf?"

Sortiere alles nach Themen. Am Ende sieh dir bitte die Bereiche an, die dich aufwerten, und frage dich voller Ehrlichkeit, ob sie wirklich für dich wertvoll sind und dich glücklich und zufrieden machen. Alles, was diese Frage verneint, verabschiede gedanklich.

Dann sieh dir den nächsten Bereich an: Freunde und Bekannte, Gemeinsamkeiten und Liebe oder Gewohnheit und Benutzen. Erkenne die wahren Freunde in diesem Leben und verabschiede alles andere in Liebe.

Schau dir nun dein Leben und deinen Wohlstand an. Lass sich gedanklich alles verabschieden, was dich manipulierbar

macht und dich an die Regeln der Grobstofflichkeit bindet. Ver-
abschiede alles, was du hortest und für dein Glück nicht benö-
tigst.
Genieße alles, was für dich einen liebevollen Wert hat und
dich nicht belastet. Ballast abzuwerfen ist der erste Weg hin zur
Veränderung und zur Feinstofflichkeit. Räume bei dir und in dei-
ner Umgebung auf und verabschiede alles, was du nicht wirklich
brauchst, um glücklich zu sein. Alles, was für dich einen liebe-
vollen Wert hat, behalte in Ehren.

Das ist der erste Schritt, der euch in die bewusste Veränderung hin zur Feinstofflichkeit und weg von der Grobstofflichkeit
führt. Denn Grobstofflichkeit ist Abhängigkeit, Feinstofflichkeit
ist der Beginn, ein Leben in Leichtigkeit, Frieden und Liebe zu
führen.
Erkennt aus eurer eigenen Erfahrung. Was benötigt ihr
wirklich, wenn ihr glücklich oder verliebt seid? Eure Wertigkeit
verändert sich in einer solchen Situation von jetzt auf gleich.
Kommt in diese Gefühlsebene, um zu erkennen, was ihr wirklich benötigt. Stellt euch immer wieder diese Frage oder baut
euch eine Bühne auf, um euch so bewusst zu machen, was euch
bindet und was euch glücklich macht.

9.2 Übung

Lass Energien von deinem Kopf aus durch deinen ganzen
Körper bis zu deinen Füßen fließen. Setze dich auf den Boden,
spüre die Energie und lenke diese dann zu Mutter Erde. Lass
die Energie so lange fließen, bis du einen Rückfluss von Mutter
Erde in deinen Körper verspürst. Danke Mutter Erde und bitte
sie, diesen Rückfluss über deinen Kopf hinaus ins Universum
leiten zu dürfen. Dann leite den Energiefluss hoch über deinen
Kopf hinaus ins Universum, so lange, bis du auch von dort einen

Rückfluss spürst. Vereine so die Energien von Mutter Erde, vom Universum und von dir in deinem Körper und lass die Energien in dir wirken und dich immer weiter aufladen, so lange, wie du es aushalten kannst. So wirst du Teil des Ganzen und heil in deinem Denken, Fühlen und Handeln. Zufriedenheit und Leichtigkeit breiten sich in deinem Körper aus, so, wie es gut für dich ist.

Praktiziert diesen Kontakt zu euch, zu Mutter Erde und zum Universum sooft, bis ihr die Wichtigkeit und Wertigkeit eures Lebens hier auf der Erde und in eurer Inkarnation erkennt. Es ist das Wertvollste, was ihr hier erleben dürft.

10. Veränderung eurer Zellschwingungen –
Neues Wertedenken blüht auf

Der zehnte und letzte Schritt der Läuterung ist die Klärung aller Farben und Klänge in euren Zellen, die sich neu formieren und in den Energien der Neuen Zeit und somit in einer höheren Frequenzeinheit schwingen, eine Zeit, die alles Grobstoffliche als Verletzung empfindet und euch automatisch in die Veränderung bringt, so, wie es für euch für die Zukunft in der Neuen Zeit bis hin in die Siebte Dimension als Notwendigkeit und Voraussetzung anklingt. Neues Wertedenken blüht auf, ohne dass ihr viel dafür tun müsst. Es manifestiert sich wieder in euch, so, wie es schon einmal in euch manifestiert war.

10.1 Übung

Atme tief ein und aus und komme in deine innere Ruhe. Spüre in dich hinein, sammele alle Gedanken, die dich ablenken, und lege sie gebündelt auf einer Wolke ab, die der Wind dann fortblasen darf. Lade allen Kummer und alle Kontrolle ebenfalls auf einer Wolke ab und lass sie davonfliegen und deine Last abtransportieren, so lange, bis du ganz in deiner Ruhe und in deinem Frieden bist.

Nun höre in dich hinein. Höre die Stimme und die Klänge deiner Zellen und erkenne die Farbqualität, die deine Zellen umschließt. Erkenne deine Zellfarben und -klänge. Das bist du, wenn du ganz in deinem Frieden und in deiner Ruhe bist.

Summt die Klänge, sprecht mit euren Zellen, lasst die Farben in eurem Körper kreisen und kommt so in eure wirkliche Existenz, die ihr für die Neue Zeit benötigt. Erkennt das Wunder in euch.

10.2 Übung

Lege an unterschiedliche Stellen deines Körpers deine Hände auf und lass Energie fließen. Tanze in einem Rhythmus, der in deine Gedanken kommt. Lass Farben bei dir wirken, die dich froh machen, und tue alles, was deinem körperlichen und geistigen Empfinden guttut. Singe, tanze und sei fröhlich. Dadurch werden deine Zellen ebenfalls klingen und strahlen.

Das ist ein großer Schritt zur Zellgesundung und Aktivierung euer Zellen in ihre Ursprungsenergien.

Geht die zehn Schritte der Läuterung Stück für Stück an. Es werden immer wieder Rückfälle eintreten, doch es ist ein Lernprozess, den ich euch bitte, in Liebe umzusetzen. Akzeptiert euer Verhalten, nehmt euch bei Rückschritten liebevoll in die Arme und gelobt, es das nächste Mal besser beziehungsweise anders zu machen – ohne Verurteilung, doch voller Zuversicht, dass ihr in der Lage seid, euch zu verändern und durch diese Veränderung die Feinstofflichkeit im Sein und Handeln zu vollziehen. Geht es an.

Sagt bei jedem Rückfall „Halleluja" und geht weiter auf dem Weg der Veränderung. Wir alle stehen euch hilfreich zur Seite, damit ihr es schafft. Im Vordergrund steht allein euer Wille, euch zu verändern. Und schon ist es möglich, da der Wille bei einer Veränderung das höchste Gut für die Umsetzung ist. Wir passen auf euch auf und betreuen euch.

Geht nicht alle Schritte gleichzeitig an, das wäre zu viel, sondern einen Schritt nach dem anderen. Übt in der Stille der Meditation Schritt für Schritt die einzelnen Etappen der Läuterung, bis sie sich bei euch manifestiert haben und sich wie selbstverständlich in eurem Wirken gedanklich festgesetzt haben.

So soll es sein, dass ihr die zehn Schritte der Läuterung als zukünftige universelle Schritte anseht, die für die Neue Zeit und das Miteinander aller universellen Energien als Grundvoraussetzung anzusehen sind.

Wenn die Läuterungsschritte von 1 bis 9 sich bei euch gedanklich und willentlich manifestiert haben, wird der Läuterungsschritt 10 von uns in euren Zellen aktiviert. Durch diese Zellveränderung wird eine sehr schnelle Erhöhung eurer Energieeinheit eingeleitet, die für den nächsten Aufstieg Grundvoraussetzung sein wird.

Wir freuen uns schon darauf, wenn ihr nach eurer Veränderung mit uns gemeinsam wirken dürft.

III. Die zehn Wahrheiten der Wandlung

1. Friede in der Gemeinsamkeit –
Vom Individuum zum Weltenbürger

Die erste Wahrheit der Wandlung ist die Veränderung vom Menschsein hin zu einem Wesen der göttlichen Einheit und des universellen Daseins. Nicht die Einheit als einzelnes Wesen, sondern die Komplexität allen Seins ist der Wandlungsaspekt, der im Vordergrund steht, um ein universelles Wesen sein zu können. Zu dieser Wandlung gehört die Veränderung vom Individuum zu einem Weltenbürger, der die Aspekte der Gemeinschaft in Ehren hält und für das Ganze und nicht für sich als Einzelner lebt und agiert. Die Wandlung ist sehr wertvoll im Wesen des Handelns und Denkens, die eure derzeitige Einzigartigkeit, die bei euch noch im Vordergrund steht, negiert und euch die Gemeinsamkeit aller Lebensarten auf der Erde, in eurem ganzen Universum und weit darüber hinaus zu anderen Universen in der Entwicklung und Wertigkeit verdeutlicht.

Dieser Schritt wird für euer Denken und Handeln ein sehr schwerer sein, und die vorher genannten zehn Schritte der Läuterung sind Grundvoraussetzung, um sich auf die zehn Wahrheiten der Wandlung einzulassen, um diese annehmen und akzeptieren zu können. Nicht der Einzelne, sondern die Gemeinschaft als Einheit des Einen, in dem Bestreben, alles für das Eine und gleichzeitig für alle in Liebe zu leben, sodass es keine Gegensätze mehr gibt, die ein Bekämpfen notwendig machen.

Diese Wandlung bringt euch nicht nur den inneren Frieden, sondern den Frieden auf allen Ebenen des Seins, wenn ihr in diesen Gedanken leben könnt. Der Friede in euch und dem gemeinsamen Wirken wird der größte Lohn sein, den ihr nach dieser Wandlung in euch fühlen werdet.

Es ist ein Frieden und ein Lebensgefühl der Leichtigkeit, das wir schon in uns haben und leben, und als solche Energieformen der Zukunft können wir euch nur zurufen: „Nehmt diese Wandlung in euch auf, geht in die Wandlung und erlebt das friedvolle Miteinander in Frieden, so, wie es euch nach eurer Veränderung zusteht. Und vertraut darauf, dass alles in sich stimmig und lohnenswert ist."

Wir sagen euch den Frieden voraus, der alles in euch auflösen wird, was immer ihr als Karma in euren Leben und Erfahrungen gesammelt habt.

Dieser innere Frieden in der Gemeinsamkeit ist die wichtigste Erfahrung und Wandlung, die die Zukunft für euch bereitet und in der ihr eure Erfahrungen machen dürft. Gleichzeitig ist sie auch die höchste Voraussetzung für den Aufstieg in die siebte Ebene, in der das Individuum eins ist mit allen Energien. Verbindung mit allen und doch als einzelne Energieform in ihrem Sein. Das erscheint euch noch sehr unverständlich, doch es ist die Lebensform in der siebten Ebene, durch die ihr einen weiteren Lebensauftrag erfüllen dürft, der euch heute noch sehr fern ist. Vertraut und versucht euch langsam im Denken und Handeln dieser Wandlung. Es lohnt sich.

2. Die Neugestaltung eures Erscheinungsbilds – Veränderung eures Organsystems

Die zweite Wahrheit der Wandlung ist die neue Gestaltung eures äußeren Erscheinungsbilds. Ihr seid dann nicht mehr als Lebensformen in den grobstofflichen Sphären und Ebenen anzusehen, sondern als leichte Energiewesen des Einen, die sich äußerlich feinstofflich und fast durchsichtig gestalten werden. Euer körperliches Sein wird sich sehr verändern, bis sich nur noch Konturen einer Gestalt vorweisen lassen. Euer ganzes Organsystem wird sich zu einem Energiekomplex verändern, der mit euren heutigen Organen und ihren Funktionen nicht mehr viel zu tun hat.

Ihr werdet ein durchscheinendes Wesen sein mit einem Zentralkern, der Empfänger und Organisator eures energetischen Körpers sein wird. Von dort aus wird alles gesteuert, was für eure Lebensfähigkeit notwendig ist. Nur eine zentrale Stelle und nicht mehrere Unterorgane für unterschiedliche Bereiche. Diese eine zentrale Stelle wird gespeist von eurem Geist, der alles Wissen für diese Zeit und für die lebensfähigen Notwendigkeiten in sich hat. So wird sich auch (Friede mit euren Taten) das Thema Organspende in Nichtigkeit auflösen, und viel Leid wird sich klären, weil es keine Notwendigkeit mehr für einen sinnlosen Austausch geben wird.

(Anmerkung der Autorin: Wegen der Wichtigkeit wurde von Amadeii der Organtransplantation ein gesondertes Kapitel gewidmet).

Eure Gestalt hat neben diesem Zentralkern, der euer Leben steuert und gleichzeitig Sitz der Seele ist, eine weitere Zentralstelle, die euren Geist beheimatet. Euer Geist ist offen und angebunden, ohne Grenzen an alles universelle Wissen, das eine Grundvoraussetzung für euer zukünftiges Wirken sein wird. Ihr werdet nicht mehr manipulierbar sein durch andere Geiste, die sich in ihren Absichten selbst verschleiern, sondern ihr seid offen. Ebenso wird für euch alles offen, sodass jede Absicht deutlich wird und im gemeinschaftlichen Sein von allen abgewägt werden kann.

Um euren Körper wird sich ein Energiefeld befinden, das sich anders gestaltet als eure heutige Aura. In diesem Energiefeld befinden sich alle Energiefelder in Farben und Formen, die gleichzeitig wirken, ohne von innen nach außen unterschiedlich gestaltet zu sein. Dieses Energiefeld ist spürbar und sichtbar für alle Lebensformen der neuen Ebenen und gibt gleichzeitig Auskunft über Heil und Wirken der Lebensform.

Heilungen geschehen allein über dieses Energiefeld, das in Kommunikation mit dem Energiekern und dem Geist steht. In dieser Dreiheit wird das komplette Wirken der Energieform geleitet und begleitet. Nicht "Körper, Geist und Seele", sondern "Energie, Geist und Seele" wird die Formel der Zukunft sein. So wird sich die Wandlung eures Energiekörpers nur langsam vollziehen und entwickeln können, da viele Voraussetzungen vorher erfüllt sein müssen, um die Organe in eine Einheit zu bringen. Hier ist zum Beispiel die Lichtnahrung ein wichtiger Aspekt, um alle Organe, die mit dem Verdauungssystem zusammenhängen, in die Nutzlosigkeit zu bringen, damit sie sich ohne Mangel oder Verlust zurückbilden können, ohne dass die entsprechende Lebensform Gefahren ausgesetzt ist.

3. Entwicklung eures Geistes – Erschaffen neuer Realitäten

Die dritte Wahrheit der Wandlung ist das Empfinden der göttlichen Daseinsform in allen Ebenen. Die Einmaligkeit der gedanklichen Visualisierung, das Erschaffen von Realitäten und das Empfinden und Erstellen von Wahrheiten und Welten im eigenen Umfeld, so, wie es für euch oder den euch umgebenden Bereich erforderlich wird. Die gedankliche Veränderung und Produktion ist eine göttliche Eigenschaft, die alles real werden lässt, was sich in der gedanklichen Ebene manifestieren möchte.

Es wird eine Welt mit dem Geist erschaffen und nicht durch gewachsene Formen der Umgebung mit kraftmäßiger Umsetzung oder Bearbeitung. In dieser Wandlungsphase erkennt ihr eure Fähigkeit, dass alles mit eurem Geist erschaffen werden kann, was immer ihr erschaffen möchtet. Ihr projiziert eine Daseinsform oder eine Existenz, oder ihr verdoppelt oder vermehrt, je nach Bedarf. Das wird in eurem Bewusstsein schon heute als Existenz gepflegt, doch seid ihr euch eurer Fähigkeit noch nicht bewusst.

Dieses Bewusstsein wird sich ganz langsam bei euch entwickeln, doch in dem Augenblick, in dem ihr die zehn Schritte der

Läuterung abgeschlossen habt, seid ihr von reinem Gemüt, sodass sich diese Fähigkeit für euch offenbaren darf, ohne anderen Wesenheiten Schaden zuzufügen. Mit diesem Bewusstsein seid ihr in der Lage, alles so zu verändern, wie es für euch gewünscht und gewollt ist, natürlich unter Berücksichtigung des Seins aller anderen Lebensformen.

Das ist der erste Schritt zur Einmaligkeit des göttlichen Seins: Leben und Formen erschaffen zu können und zu dürfen, die allein eurem Geist entspringen. Werdet reif für diesen göttlichen Akt, und ihr werdet euer Dasein erschaffen, so, wie es für euch einmalig sein wird.

4. Euren göttlichen Aspekt erkennen –
Bewusstwerden eures Seelenauftrags

Die vierte Wahrheit der Wandlung ist die Anbindung an das universelle Göttliche, das in seinem Sein von euch derzeit noch nicht komplett zu erfassen ist. Ihr, die ihr Wesen des Einen seid, habt Kenntnis davon, ohne euch selbst zu sehen. Die vierte Wahrheit wird euch euren göttlichen Aspekt sichtbar machen und euch so deutlich zu erkennen geben, wer ihr seid und wodurch ihr gelenkt werdet. Dann ist es euch auch möglich, mit euren Ahnen direkt zu kommunizieren und von ihnen den Seelenauftrag verdeutlicht zu bekommen, den ihr in eurer derzeitigen Inkarnation zu erfüllen habt. Ihr werdet euch bewusst, wer ihr seid, welchen Auftrag ihr übernommen habt und wie die Lösung angegangen werden kann.

Die Aufgabe beinhaltet auch den Anteil eurer Selbstverwirklichung auf dem Weg der Entwicklung, und so könnt ihr euer Ziel sichtbar erkennen und in Liebe wirken. Durch eure sichtbare Anbindung und das Erkennen fällt es euch ebenfalls leichter, eure Mitgeschöpfe zu erkennen und zu lieben beziehungsweise sie zu akzeptieren. Das wird für euch einfacher als bisher, wo euch diese Sicht des göttlichen Seins auf euch und eure Umgebung noch verschleiert war.

5. Euer Universum erkennen – Das Lüften der Nebel

Die fünfte Wahrheit der Wandlung besteht in dem Erkennen eures Universums und der Einmaligkeit aller Planeten und Gestirne in eurem universellen Dasein. Bis jetzt wart ihr in dem Denken vernebelt, dass die Menschheit einmalig ist und allein in dem großen Bereich eures Universums wirken und leben darf. Doch dem ist nicht so. Euer Universum ist voller lebendiger und bewusster Energien und Wesenheiten, die für euch bis jetzt zu eurem und ihrem Schutz nicht sichtbar waren. Doch das wird sich ändern, und ihr werdet erstaunt sein, wie viele liebevolle gemeinsame Erinnerungen euch mit diesen Wesenheiten verbinden. Viele vertraute Stunden der Gemeinsamkeit sowie gemeinsame Wege werden sich euch bewusst offenbaren und sich in eurem Sein und in eurem zukünftigen Lebensweg mit einfügen.

Diese Offenbarungen und das Lüften der Nebel, die euch bis jetzt umgeben haben, werden eine große Veränderung und Wandlung in euch bewirken. Wenn ihr die Farbenpracht eures Universums erleben könnt, werdet ihr ins Schwärmen kommen. Ein Erkennen und große Freude werden sich in euch manifestieren und euch in ein neues Bewusstsein bringen, das für die Neue Zeit notwendig ist.

6. Kommunikation mit allen Wesenheiten – Die Energien der Natur erkennen

Die sechste Wahrheit der Wandlung betrifft das Miteinander zwischen euch und allen anderen Wesenheiten in eurer Umgebung und eurem kompletten universellen Sein. Ihr werdet durch die Wandlung in eine Liebe gelangen, die es euch ohne Wertung ermöglicht, mit allen Wesenheiten in Liebe zu leben und zu kommunizieren. Ebenso erhaltet ihr die Fähigkeit, alle Blumen und Pflanzen in ihrer Daseinsform zu spüren und zu erleben und mit ihnen in Kommunikation zu treten. Sie werden euch erzählen, welche Aufgaben sie für euch haben und wie sie in Liebe für alle Energiewesen wirken können und werden. Ihr könnt die Energien der Natur erkennen und spüren und euch als ein Teil von allem erleben, ohne Wertung oder Minderachtung.

Das Gleiche gilt für die Tiere. Ihr werdet erkennen, welche Wertigkeiten die tierischen Energien auf der Erde und im Universum haben. Ihr kommt mit diesen Wesenheiten in einen energetischen Dialog und erfahrt von ihnen, welche Aufgaben sie übernommen haben und wie hoch ihr Wert in ihrer Daseinsform ist. Durch diese Wandlung werdet ihr eure Voreingenommenheit gegenüber allen tierischen Energien ablegen und als Folge keine tierischen Produkte mehr in Form von Nahrungsmitteln zu euch nehmen.

Ab dem sechsten Schritt der Wahrheit der Wandlung wird sich bei euch eine Veränderung manifestieren, die euren ganzen Körper betreffen wird. Ab hier wird eure Wandlung in die feinstoffliche Ebene mit allen Funktionen der Feinstofflichkeit ihren Höhepunkt erreicht haben und eure Entwicklung in die Feinstofflichkeit sehr bald abgeschlossen sein. Dann ist nur das energetische Sein und Wirken für euch im Vordergrund, und die Wandlung hin zu einem universellen Wesen des Einen wird sich zu einem Halleluja entwickeln. Und ihr werdet von allen Lebewesen mit einem Frohlocken empfangen und aufgenommen werden, so, wie es für euch geplant ist.

7. Die mentale, geistige Steuerfrequenz –
Schaltzentrale für alles Wissen und Sein

Auch bei dieser Wandlung steht ihr als Individuum im Vordergrund. Ihr seid eine Abspaltung des Einen, eingebettet in eine menschliche Körperform, und habt euer Wissen in einer alten Zeit in eure Zellen projiziert bekommen, um so in eurem geistigen Bereich für ein neues Wachstum offen zu bleiben. Das wird sich ab der siebten Wandlungsphase zurückentwickeln hin zu einer mental geistigen Steuerfrequenz, die ihr Dasein in eurem oberen Bereich, sprich, in eurem Kopfbereich, manifestieren wird. Diese Frequenz des Angebunden-Seins eures Geistes wird in Zukunft wieder als Schaltzentrale für alles Sein und Wissen existieren und wirken, so, wie es in der Vergangenheit schon einmal Ausgangsbasis war. Alle Nervenverbindungen, alle Informationen, alles Sein existieren in der mentalen Stelle im Kopf und wirken somit nicht mehr in den anderen Bereichen eures körperlichen Seins.

Die Zentralstelle eurer Organe sowie die Zentralstelle eurer Informationen des geistigen Seins bilden die Zweiheit in eurer zukünftigen Existenz, die dem Göttlichen schon sehr nahekommt. Das beinhaltet eine Vergrößerung eures Schädels mit Ausdehnung nach oben. Eine Ausprägung und Unterbringung aller geistigen Impulse sowie eine Empfangsstation bis weit über euer menschliches Empfinden hinaus.

8. Die Vollendung der Dreiheit –
Energiefeld, Energiekern und Geist

Die achte Phase umfasst die Vollendung der Dreiheit. Das beinhaltet die weitere Ausgestaltung des Seins – nach dem Entwicklungsschritt der Entstehung und der Entfaltung vom Sein aus der Leere –, über die Manifestierung eines begrenzten

Raums, bis hin zu einem Dreieck der Existenz. Der dritte Aspekt dieser Wandlung zur Vervollkommnung eures zukünftigen Seins befindet sich in eurer Aura, deren Entwicklung sich erst in einer späteren Phase zeigen wird.

Nach dieser Vollendung eurer äußeren und inneren Daseinsform habt ihr die Dreiheit der Funktionalität komplett umgewandelt und seid so in der Lage, mental in die Gestaltung von euch und eurer Zukunft zu schreiten. Ihr seid als göttliches Geschöpf fähig, alles zu gestalten und zu erleben, was immer ihr möchtet. Es gibt für euch keine Grenzen mehr, die euch einschränken oder behindern. Ihr wirkt in einem Energiekörper und seid doch gleichzeitig ein Energiekörper der Allgemeinheit, mit dem ihr alles empfinden und empfangen könnt, was um euch herum existiert und wirkt. Einzeln, und doch nicht einzeln, gesamt und doch einmalig in eurem Sein.

Hier werdet ihr als komplette Einheit des Einen das alte körperliche Sein endgültig verlassen und euch in eine Energieform umwandeln, die durch die zukünftige Form der Entwicklung – von der körperlichen Daseinsform weg hin zur Energieblase – von der Informationserhaltung durch die Anbindung an den Einen bis hin zu dem Impuls des Seins existieren wird.

So wird sich die Dreiheit von Körper, Geist und Seele zu einem Energiekörper entwickeln, einer Seelenzentrale mit Organsteuerung und einer Geistzentrale mit Inhalt von allem Wissen und Sein.

9. Die Einheit des Einen – Verschmelzung eures Geistes

Die neunte Phase der Wandlung ist die der endgültigen Läuterung und Wandlung eurer geistigen Daseinsform und der Verabschiedung des einzelnen Denkens in eurem Sein. Die Einheit des Einen in euch und eurer Umgebung ist hier das Ziel der Handlungen und des Denkens. Alles-was-ist ist eins und doch durch jeden Einzelnen in seiner Einmaligkeit mannigfaltig verändert gelebt.

Diese Wandlung bringt euch zu der Einzigartigkeit von allem, was ist und existiert und darf von euch im Miteinander und in der Verschmelzung eures Geistes gelebt werden. So ist diese Wandlung der Schritt hin zu dem einen Geist und der Verschmelzung aller eurer Gedanken und Empfindungen.

Ihr werdet euch von einem Individuum zu einer Gesamtheit aller Energien und Geister entwickeln.

10. Vom Erdenbürger zum Sternenbürger – Neue Gesetze der Zukunft

Die zehnte Phase der Wandlung beinhaltet das Loslassen des Alleinanspruchs eurer Existenz. Diese Wandlung betrifft das Anerkennen und Erleben aller Daseinsformen in eurem Universum. Ihr begreift euch als eine Energieeinheit in eurem Universum und erkennt, dass eure Erde nur ein kleiner Bereich und ihr selbst nur ein winziges Korn in diesem Bereich darstellt.

Ihr werdet als universelles Mitglied in der Gemeinschaft aufgenommen und dürft die Wahrheiten eures Universums erfahren und wirken, die euch einen weiten Horizont in eurem Wissen, Wirken und Existieren bescheren werden, die ihr derzeit noch nicht erahnen könnt.

Nach dieser abgeschlossenen Phase der Wandlung seid ihr kein reiner Erdenbürger mehr, sondern ein Bürger eures Universums – mit neuen Gesetzen, Erkenntnissen und Fähigkeiten, die eurem göttlichen Sein eher entsprechen, als es in eurer jetzigen Daseinsform möglich und erlebbar ist. Ihr seid dann nicht mehr Individuen in der Existenz, sondern ein multifähiges Energiewesen des Einen, das sich seiner Fähigkeiten im Wirken und Existieren voll bewusst wird. Ihr werdet einsetzbar sein in eurem Wirken und hilfreich sein für alle Planeten und Sternenwesen im Universum. Ein Erkunden und Erfahren anderer Situationen und Existenzen in eurem Universum ist die Neue Zeit, die sich euch dann auftut.

Das Erkennen anderer Universen beginnt sich dann langsam für euch zu entwickeln, was momentan aber noch sehr weit von euch entfernt ist.

IV. Der Aufbau eures Universums mit seinen unterschiedlichen energetischen Dimensionen und Schichten

1. Von der Existenz bis zur Schaffung eines Raums

Dies ist zu dieser Zeit eine Information, für die ihr und die ganzen energetischen Daseinsformen gereift seid, sie zu empfangen und zu klären.

Ihr lebt in den Energien des Einen, die für jedes einzelne Wesen und jede einzelne Daseinsform in unterschiedlicher Programmierung, Verstärkung, Komprimierung und energetischer Beflügelung entsprechend programmiert wurden. Sie sind und waren austauschbar und in ihrer Stärke unterschiedlich einsetzbar. Dieses notwendige Ansinnen hatte zur Folge, dass auch Wesenheiten, die sich in den höheren Strukturen des Einen bewährt hatten und voll in die Entfaltung gelangt waren, weitere Herausforderungen und Lernaufträge forderten, um wachsen zu können.

So wurde in einem begrenzten Raum gezielt ein Energiefluss eingehaucht, der eine Entwicklung in der Begrenzung dieses Raums ermöglichte. Und je nachdem, ob sich die Energie in der Eintrittspforte oder weiter entfernt von ihr befand, herrschte eine unterschiedliche Dichte und Stärke. So gefügt, entstand der Raum einer Dimension, der als Muster für alle anderen Dimensionen in der kommenden und der vergangenen Zeit diente.

Es wurde energetisch festgesetzt und durch den Energiefluss in den vorgegebenen Raum so gesteuert, dass sich in jeder Dimension unterschiedliche Schichten mit unterschiedlichen energetischen Stärken bewegten, die nur für diese Schicht, aber auch an den Randzonen der angrenzenden Dimensionen wirken konnten. Dieses Gefüge hat es allen Wesenheiten in eurem und in anderen Universen ermöglicht, Veränderungen und

Bewusstseinserweiterungen vornehmen zu können und einen Aufstieg oder Abstieg in einer anderen Schicht beziehungsweise einer anderen Dimension zu ermöglichen.

Dies nochmals deutlich als Klärung. Jede ungerade Dimension von drei bis elf (3, 5, 7, 9, 11) ist aufgeteilt in zehn sich energetisch stärker entwickelnde Energieschichten mit jeweils unterschiedlich wirkenden und verändernden Themen. In der beginnenden ersten Schicht der Dritten Dimension ist die Grobstofflichkeit so stark und die Entfernung von dem Einen so weit weg (Vergessen seiner Existenz), dass nur die Themen Leben und Überleben zu empfangen und auszuüben sind. Je weiter die Existenzen in den Schichten aufsteigen, umso näher kommen sie wieder an die bewusstseinsfördernden Energien des Einen, und der Geist kann sich entwickeln und verändern.

Von Schicht zu Schicht ändern sich die Themen, und ab der fünften Schicht in der Dritten Dimension wirken die Energien so auf das Bewusstsein ein, dass die Existenzen, wenn sie bereit sind, sich zu entwickeln, erkennen können, was der wirkliche Lebensauftrag und der Sinn des Daseins in dieser Dimension und in diesem Leben ist. Die Existenzen werden langsam in die Fähigkeit gebracht, bewusst zu werden.

Auch ihr Menschenkinder habt diesen vorbeschriebenen Prozess der Schichten und bewussten Entwicklung der Dritten Dimension durchlebt. Vielen eurer Mitmenschen fiel dieser Prozess sehr schwer, hatten sie sich doch bequem den Regeln der alten Schichten angepasst und waren für einen Veränderungsprozess nicht bereit.

Auch heute gibt es noch viele Lebewesen auf eurer Erde, die bewusst dagegen kämpfen, doch der äußere Schein entspricht nicht mehr dem inneren Gefühl, das sich auch bei diesen Menschen manifestiert hat. Diese Lebewesen stehen nun in einem permanenten Konflikt, der ihrem Geist im Widerstreit mit der anerzogenen und bewusst gewollt lebenden Vernunft wiederholt Probleme bringt. Seid in Gedanken liebevoll zu diesen Menschen. Auch bei ihnen wirken diese Energien. Die Vernunft hat anteilmäßig noch die Oberhand über den Geist, was sich aber auch bei ihnen in den nächsten Entwicklungsphasen der anderen Schichten verändern wird.

Ab der fünften Schicht der Dritten Dimension schwappte schon dezent die Energiestruktur der Fünften Dimension hinein und ermöglichte Lichtblitze und Erkenntnisse für eure Zeit. Ihr konntet kurzfristig eine Hellsichtigkeit entwickeln oder auch ein Hellwissen oder ein Hellfühlen. Ihr hattet Fähigkeiten für eine kurze Zeit, die euch erkennen ließen, dass noch vieles existiert, was für euch zwar noch nicht deutlich zu erfassen war, aber wie das Aufflackern eines Lichts von euch erkannt, gesehen und empfunden werden konnte.

Je näher ihr an das Ende der Dritten Dimension gelangtet, desto öfter bekamt ihr diese Wahrnehmungen. Und die Menschenkinder, die sich auf diese Fähigkeiten eingelassen hatten und bereit waren, sich von der Geistigen Welt führen zu lassen, gingen in einen Prozess der enormen Veränderung, der sie für die Neue Zeit auserwählte. Das sind die zukünftigen Heiler und Medien, aber auch die zukünftigen Politiker und Wissenschaftler, die von euch jedoch noch nicht anerkannt sind und bewusst gesehen werden. Auch in Deutschland habt ihr derzeit eine Führung der Weiblichkeit, die voll erleuchtet ist und sich in diesem Akt der Macht immer wieder in Liebe führen lässt, so, wie es der Neuen Zeit bedarf.

Am Ende der Dritten Dimension war alles auf den Kopf gestellt, was vor Jahrzehnten für euch noch mit Gesetzmäßigkeiten und irdischen Regeln behaftet war. Verborgene Taten und Wissen begannen an die Oberfläche zu drängen, um so in den Energien der Vergangenheit in Liebe aufgelöst zu werden. Eure Erde fing an, sich zu reinigen und sich für den Aufstieg in die Fünfte Dimension vorzubereiten, was ihr in Form von Katastrophen unterschiedlichster Art erfahren habt. Euer Wetter spielte verrückt, und alle eure Regeln und Gesetze der Vergangenheit konnten nicht mehr sicher eingesetzt werden. Das verunsicherte euch, doch es war und ist noch ein wichtiger Prozess für die Verabschiedung der Dritten Dimension und das neue Leben in der Fünften Dimension. Nichts war mehr so, wie ihr es gewohnt wart, und nun hat nur noch die Zukunft in einer Dimension der höheren Energien einen Wert für die Veränderung.

Die zehn Schichten der Dritten Dimension wurden durchwandert und durchlebt und alle Zellstrukturen und auch euer gedankliches Handeln und euer Bewusstsein durch die Durchwanderung belebt und erweitert. Die Fünfte Dimension schwappte in dieser Endzeit oft in eure Dritte Dimension hinein und brachte Zweifel, Erkenntnis und das Verlangen, zu finden und zu verändern.

Auch Mutter Erde bewegte sich von der Dritten durch alle Schichten in die Fünfte Dimension, die mit einer komplett anderen energetischen Absicht und Bewusstseinserweiterung ausgestattet wurde. Und das alles ohne Komplikation und Untergang. Eine Meisterleistung der universellen Taten.

Nun seid ihr angekommen in der Fünften Dimension, die für euren Geist schon hoch energetisch ist. Die erste Schicht wirkt in euren Zellen und in eurem Geist, ob ihr dazu bereit seid oder noch nicht. Für alle wirken die gleichen Energien. Es ist nur unterschiedlich, wie ihr mit diesen neuen Kapazitäten umgeht.

Gleichzeitig schwappt immer noch Energie der Dritten Dimension in euer energetisches Dasein, wie eine Welle im Meer, die sich dann am Strand in einem anderen Element bricht. Diese Energie bringt Verunsicherung und Härte statt Leichtigkeit und Wissen in euren Geist, wodurch alles Beleuchtete und Erleuchtete wieder verdunkelt und eure Sicherheit in den Grundmauern erschüttert wird.

Doch vertraut darauf: Je höher ihr in den Schichten der Fünften Dimension aufsteigt, desto weniger kann euch die Energie der Dritten Dimension erreichen. Ab der fünften Schicht der Fünften Dimension gelangt ihr in die Umkehrung und werdet schon von den Energien der Siebten Dimension berührt, um euch auf den nächsten Aufstieg vorzubereiten. Dann wird vieles für euch leichter werden. Die Veränderung für euch und alles, was um euch herum existiert, wird sich in einem Quantensprung über euch ergießen und in dem Bewusstsein und in der Wandlung aufblühen. Ab dann werdet ihr bewusster und befähigt sein, mit eurer Umgebung und anderen Wesen sichtbar in Kontakt zu treten und eure Berufung und euren Ursprung zu erkennen.

Der Prozess, in dem ihr euch derzeit befindet, ist der Aufstieg und das Wirken der zehn Schichten der Fünften Dimension, die euch noch viele Kraftakte der Liebe und des Vertrauens abringen werden. Doch es lohnt sich. Ihr habt den Auftrag, diese zehn Schichten in kurzer Zeit, sprich: in zwanzig Jahren, zu bewältigen, damit ihr gemeinsam mit euren Brüdern und Schwestern und anderen Energieformen in die Siebte Dimension aufsteigen könnt. Denn ihr hinkt hinterher. Das restliche Universum steht schon seit langem kurz vor diesem Aufstieg, aber ihr werdet es mit unserer Hilfe ebenfalls schaffen.

Geht die Prozesse der Läuterung und der Wandlung immer wieder an, um so Schicht für Schicht in euren energetischen Prozess der Veränderung zu kommen. Ihr habt die Wahl und die Erlaubnis, aufzusteigen wie eure Brüder und Schwestern.

Dieser Prozess der Veränderung hinein in die Fünfte Dimension wird euch wiederum Krankheitssymptome und mentale Einbrüche bringen, die mit der Umwandlung und Aktivierung eurer Zellfunktionen, eurer DNA, eures Geistes, eures Körpers und eurer Aura in Zusammenhang stehen. Nehmt diese Veränderungen ohne Angstgefühle an und seid im Vertrauen, dass sie notwendig sind.

2. Energieanpassung und Krankheitssymptome in der neuen Dimension

(Live-Channeling von Amadeii am 18.05.2013 auf der Messe in Karlsruhe)

Seid gegrüßt, ihr Menschenkinder. Voller Freude sehe ich eure Anwesenheit und bin beglückt, heute zu euch sprechen zu dürfen. Ihr, die ihr den Weg in diesen Raum gefunden habt, um etwas zu erfahren, das bis jetzt in eurem Leben noch nicht deutlich erfahrbar war.

Geht in eure Ruhe und in euren Frieden und hört meine Worte. Es ist geplant, es ist gewirkt, und die Zeit ist da für die Veränderung in die Zukunft. Euch wird heute ein Wissen vermittelt, das euch diesen Weg bewusster machen wird.

Ein großes Thema in eurem Leben ist das Thema, das ihr von euren Eltern, euren Großeltern und euren Ahnen mitbekommen und das ihr hier zu leben, zu erleben und aufzulösen habt.

Ihr seid Teil eurer Ahnen, mit Themen, die ihr teilweise nicht verstehen könnt. Die euch berühren und bestimmen, oft für euch fremd sind und doch als Einheit in euch wirken.

Ihr seid ein Licht des Einen und geprägt durch eure Eltern und eure Erfahrungen, die ihr in diesem Leben machen durftet. Und in diesen unterschiedlichen Erfahrungsbereichen klärt sich oft für euch eine Situation, ein Verhalten, das aufgelöst werden muss.

Oft seid ihr ratlos. Ihr spürt eure Themen, doch ihr seht sie nicht. Einen Weg, eure Themen zu finden, ist, eure Seele zu befragen. Diese kennt euren Weg von Anbeginn der Zeugung bis jetzt. Eure Seele weiß, welchen Weg ihr euch für dieses Leben vorbestimmt habt.

Ich sage bewusst: vorherbestimmt habt, denn ihr seid diejenigen, die sich bewusst für ihren Weg, ihre Aufgaben und ihre Hürden entschieden haben. Ihr habt euer Leben so geplant, und eure Seele ist der Anteil in euch, der sich dessen voll bewusst ist und euch immer wieder über eure Intuition an euren Weg erinnern kann, das heißt, wenn ihr es eurer Seele erlaubt.

Ein weiterer, für euch verantwortlicher Bereich ist der eurer Ahnen. Eure Ahnen haben euch euer Generationsthema mitgegeben, das sie selbst in unterschiedlichen Energien und Dimensionen erlebt, erlitten und somit für die Nachkommen aufgebaut haben. Und ihr habt jetzt die Chance, die ererbten Themen in diesem Leben und in diesen hohen Energien der neuen Dimension aufzulösen. In dem Moment, in dem ihr für eure Ahnen diese Themen aufgelöst habt, sind diese auch für die Seelen, die hier nicht mehr inkarniert sind, aufgelöst.

So ist es eure Aufgabe, bewusst in euer Ahnenthema zu gehen. Geht in die Ehrlichkeit und schaut euch an, welche Themen eure Eltern hatten beziehungsweise noch haben.

Seid ehrlich mit euch und findet euch in diesen Verhaltensweisen und Energien. Dann habt ihr einen Hinweis darauf, was ihr von euren Ahnen, speziell von euren Eltern, übernommen habt.

Geht bitte nicht in die Verurteilung, sondern nehmt diese Verhaltensweisen liebevoll an. Seht sie euch an. Fragt euch, ob diese Verhaltensweisen gut für euch sind oder euch blockieren. Oder ob es Verhaltensweisen sind, die keinen gelebten und ererbten Anteil von euch haben und die ihr daher sofort verabschieden dürft. Geht in die Konfrontation mit diesen Verhaltensweisen. Seht sie euch an. Macht sie euch deutlich. Und wenn ihr in der Lage seid, dann verabschiedet sie liebevoll.

Doch diese Verabschiedung wird nicht mit einem Mal getan sein. Über viele Facetten werden euch von der Geistigen Welt diese Verhaltensweisen weiter deutlich gespiegelt – mit unterschiedlichen Mustern, Facetten, Menschen, mit männlichen und weiblichen Energien. In unterschiedlichen energetischen Schichten der alten Dritten und der neuen Fünften Dimension. Und jedes Muster hat in seiner Basis die gleiche Aussage.

Sobald ihr in der Lage seid, diese Muster zu erkennen, belächelt sie. Lächelt euch liebevoll an. Seid liebevoll mit euch und eurem Verhalten und verurteilt euch diesbezüglich nicht. Nehmt diesen Aspekt von euch an. Wenn ihr das könnt, geht die Verabschiedung von Mal zu Mal leichter vonstatten. Das ist sehr wichtig, weil die Ahnenenergien euch an eure Energien aus der Vergangenheit binden.

Diese Energien aus der Vergangenheit sind manifestiert in eurer Erbinformation und genauso in eurer Aura zu finden. Eure Aura hat einen riesigen Anteil an dieser Klärung. Und so ist die zukünftige energetische Veränderung über die Aura notwendig. Es ist nicht mehr der körperliche Anteil, der hier geklärt werden muss, sondern der eurer Hülle, die euch energetisch umgibt. Und wenn ihr euch über diesen energetischen Mantel in Zukunft selbst behandelt, werdet ihr eine Veränderung erfahren, die komplett in euren Körper strahlt.

So seid euch dessen bewusst und hört meine Worte: Die Behandlung der Zukunft erfolgt ausschließlich über die Aura, da euer Körper sich in seinem Sein so verändert, dass er mit eurem jetzigen Körper nicht mehr zu vergleichen ist.

In den nächsten zwanzig Jahren wird sich euer Körper von den Positionen und Funktionen so verändern, dass ihr nur noch drei Bereiche habt, die von außen auch so für euch zu behandeln sind. Und ihr werdet dann bei eurer Heilung und Transformation über diese drei Bereiche alles abdecken.

Zurzeit beginnt dieser Prozess des Umbruchs und der Veränderung bei euch. Jeder Einzelne von euch stellt fest, wie sich Symptome in eurem Körper ausbreiten, die kein Arzt diagnostizieren und erklären kann.

Erkennt zum Beispiel das derzeitige Symptom des Schwindels. Erkennt, dass ihr im Kopf benebelt und oft bei einem Positionswechsel nicht mehr in einer stabilen Lage seid. Und wann immer ihr einen medizinischen Rat hören wollt, was die Ursache eures Schwindels sein könnte, werdet ihr erfahren, dass die herkömmliche Medizin keine Ursache finden kann.

Doch vertraut darauf, dass dieser Schwindel zurzeit ein körperliches Symptom von euch ist, das euch deutlich zeigt, dass eure Gehirnverbindungen neu verknüpft werden. Das geschieht dieses Mal sehr massiv, da ihr in den neuen Energien seid und sich so neue und andere Bedingungen für euch ausbreiten. Daher ist dieser Schwindel für euch auch kein Grund, Angst zu entwickeln. Nehmt ihn mit Freude an und sagt euch, dass es für euch ein Zeichen ist, dass ihr dazu gehört. Sagt euch: „Ich gehöre zu den Menschen, die diese neue Verknüpfungen in den Gehirnzellen und im Nervensystem mitmachen dürfen."

Ihr werdet erfahren, dass, je eher ihr bereit seid, diesen Schwindel anzunehmen, desto schneller sich diese Symptome bei euch verabschieden werden, bis die nächste Erhöhung in der nächsten Ebene der kommenden Schicht ansteht.

Wir haben euch in dieser Form noch weitere neun Erhöhungen zu übermitteln. Neun Erhöhungen, die ihr durchleben *dürft*, nicht müsst. Ihr dürft die Veränderungen erleben und erfahrt diese Schwindelsymptome als Zeichen dafür. Erkennt sie als Anpassung an die derzeitigen Energien an und heißt sie willkommen. Begrüßt sie in Liebe.

Ein weiteres Symptom der derzeitigen Entwicklung in dieser Ebene der Schichten ist hin und wieder ein Pfeifton in euren Ohren. Meistens einseitig und nur wenige Sekunden, und schon verabschiedet sich der Ton wieder. Der Pfeifton signalisiert über euer Innenohr eine Veränderung in eurem Nervensystem. Und auch das ist als positiv anzusehen. Seid hier nicht in Sorge. Nehmt diesen Pfeifton, der euch in Sekunden wieder verlassen wird, in Liebe an. Er ist ein Zeichen der Anpassung und Erhöhung.

Ein weiteres Zeichen für diese Veränderung ist eine Unsicherheit, die sich in eurem Körper in Form von Schwäche niederlässt. Energielosigkeit und Antriebslosigkeit sind Symptome, die sich bei euch manifestieren können. Bitte seid auch hier im Vertrauen, dass es normal ist. Euer Körper ist in einer hochproduktiven Veränderung, und dass er dabei Signale der Schwäche und der Antriebslosigkeit signalisiert, ist ein ganz natürlicher Vorgang.

Wenn ihr in dieser Situation seid, gönnt euch eine Ruhepause, die für euch, euren Körper, euren Geist und eure Seele notwendig ist, um diese Anpassung schnell angehen zu können. Die Schwäche wird euch dann schnell wieder verlassen, und es wird eine Kraft in euren Körper kommen, die euch mehr erfahrbar macht, als ihr es bis jetzt für möglich gehalten habt.

Mit jeder Erhöhung, mit jeder Anbindung an die nächste Schicht, werden bei euch Dinge aktiviert, die euch an Phänomene anbinden, die derzeitig bei einigen noch brachliegen. Hellsichtigkeit kann sich auf Dauer bei euch einstellen oder Hellhörigkeit, oder aber ihr seht plötzlich Farben, die ihr vorher nicht wahrgenommen habt.

Ihr könnt dann vielleicht Situationen besser erspüren oder seid in der Lage, unsere Informationen direkt zu erhalten. Das sind alles notwendige Voraussetzungen für euch, um euch an die Neue Zeit anzubinden. Damit ihr so Schritt für Schritt erhöht, geklärt und gereinigt werden und nach vielen Jahren der Veränderung und Erhöhung den ersten Schritt in die Siebte Dimension gehen könnt. So ist es geplant, und so sind wir aktiv bei euch, um euch hilfreich zur Verfügung zu stehen.

Ein Weiteres ist, nachdem ihr die Klärung mit euren Ahnen eingeleitet habt, dass ihr die Verbindung mit der Geistigen Welt eingeht. Vertraut darauf, dass wir existieren, und daher ist es wertvoll, nun mit euch zusammen eine Erweiterung zu vollziehen.

3. Meditation zu eurem Geist

Ich bitte euch, schließt eure Augen und atmet tief in euer Herz hinein. Gebt liebevolle Gedanken in euer Herz und atmet von eurem Herzen tief nach oben in euren Geist. Lasst zu, dass über euren Geist ein Licht entsteht. Es ist eine große Lichtsäule, die über euch aktiviert wird. Mit dieser Lichtsäule nehmt ihr Kontakt zu eurem Geist auf. Sie fließt in euren Kopf hinein, dehnt sich aus und wird weiter und weiter.

Dann erkennt ihr einen Gang in dieser Lichtsäule. Bitte geht diesen Gang ohne eine Emotion der Angst entlang. Der Gang ist hell und klar. Ihr kommt an eine Tür, und es ist euch erlaubt, diese zu öffnen, damit ihr direkten Zugang zu eurem Geist erhaltet. Öffnet bitte gedanklich diese Tür und tretet ein in den Bereich eures Geistes. Schaut euch um. Wie sieht dieser Bereich eures Geistes aus? Ist er hell, hat er eine Farbe, ist er räumlich begrenzt?

Während ihr in dem Raum eures Geistes steht, kommt eine Energiekugel zu euch und landet in euren Händen. Ich bitte euch, diese Energiekugel zu eurer Stirn hochzuheben, damit sie sich mit eurem Dritten Auge verbinden kann, das komplett mit eurem Geist in Kontakt steht. Gebt diese Kugel gedanklich in euer Stirnchakra und aktiviert dadurch euer Drittes Auge, auf dass eine Fähigkeit bei euch entsteht, die bis jetzt nur minimal oder gar nicht entwickelt war.

Erkennt auch die Farbe, die jetzt von eurem Stirnchakra aus zu erkennen ist. Jeder erkennt seine eigene Farbe, die ihm derzeit etwas zu sagen hat.

Während ihr eure Farbe betrachtet, entwickelt sich eine Pyramide vor eurem Stirnchakra, die immer größer und kraftvoller wird und strahlt. Mit dieser Pyramide bekommt ihr Anbindung an die Geistige Welt.

Über die Pyramide kommt nun von oben ein Energiestrahl in euren Körper, der in eurem Geist und in eurem Dritten Auge eine Öffnung und Erweiterung in Form einer Einweihung vollbringt.

Nur für euch. Nehmt sie an. Sie ist für euch bestimmt. Die Pyramide wird immer größer und stärker.

Es kann sein, dass ihr jetzt einen Druck in eurem Stirnchakra oder in eurem Mandala* empfindet. Habt keine Bedenken. Dieser Druck ist ein Zeichen, dass bei euch eine Öffnung zur Weiterentwicklung stattgefunden hat. Diese Öffnung kann für euch noch länger in Form eines Drucks bestehen bleiben. Lasst es wirken. Es ist ein Geschenk von uns. Und erkennt, wie die Farben sich bei euch verändern, wie sich eine Farbe in die andere entwickelt.

Während ihr in Kontakt mit der Geistigen Welt und eurem Geist seid, schicke ich meine transformierenden Amadeii-Energien über euer Mandala über euren Kopf in euren Körper, bis hinunter in eure Füße. Und nochmals schicke ich meine Energie von oben über euren Kopf in euren Körper hinein. Spürt meine klärenden und transformierenden Energien. Und ein weiteres Mal schicke ich meine Energien von oben über euren Kopf bis hinunter zu euren Füßen.

Die Klärung, die nun bei euch stattgefunden hat, ist die Voraussetzung für eine schnelle Verabschiedung eines eurer Themen. Denkt an ein Thema, das euch belastet und euch immer wieder in eine Verhaltensweise zwängt, die ihr verabschieden möchtet. Nehmt dieses Thema auf und bringt es in euren Geist. Meine Energie fließt in dieses Thema, verändert es, formiert es und bringt die Muster der Gedanken, die dieses Thema bei euch festhalten, in die Veränderung.

Erkennt die Helligkeit, die nun in euch und vor allem in eurem Geist zu finden ist. Ihr seid Licht, ihr seid hell. Lernt wieder, dieses Licht und diese Helligkeit zu entwickeln, und strahlt es nach außen.

---

* Der Begriff Mandala stammt aus dem Sanskrit (Sanskrit ist eine alte indische Hochsprache, die lange Zeit als Schriftsprache gepflegt wurde) und bedeutet so viel wie Kreis, Kreisbild, heiliger Kreis. Ein Kreis, um dessen Zentrum sich alles dreht. Wörtlich könnte man es auch "Kern" nennen. Auf tibetisch heißt Mandala: "Kyilkhor", was wörtlich „Mittelpunkt mit Umkreis" bedeutet.

Während ihr in eurem hellen Licht seid, schaut euch noch einmal die Pyramide über euch an und dann zieht diese Pyramide der schöpferischen Anbindung in euren Körper hinein. Es ist ein zusätzliches energetisches Geschenk an euch. Lasst euren Körper und eure Aura in dieser Pyramide wirken. Genießt es einen Moment.

Dann zieht sich die Pyramide wieder über euren Geist nach oben zurück und verabschiedet sich von euch.

Ich, Amadeii, Erzengel der Neuen Zeit, schicke noch einmal meine transformierenden Energien über euer Mandala in euren Körper hinein, um ein weiteres Mal eine Transformation des Themas, das ihr verabschieden wollt, einzuleiten. Noch einmal kommt all meine Energie in euch. Lasst klären und reinigen, was zu klären und zu reinigen ist.

Lasst bewusst werden, was bewusst werden kann und darf. Seid bitte nicht in der Ungeduld, sondern geht liebevoll mit euch und euren Themen um. Schritt für Schritt, so, wie es für euch stimmig ist, werden sich Veränderung, Verabschiedung und Klärung einstellen. Und sagt euch bitte nicht: „Ich muss oder ich habe zu tun", sondern „Ich möchte jetzt etwas verabschieden, das verabschiedet werden kann." Das wird euch auf den Weg in die Zukunft bringen.

So verabschiede ich mich voller Dankbarkeit, dass ich heute zu euch sprechen durfte. Voller Dankbarkeit, dass ich bei euch einen Prozess aktivieren durfte. Und voller Dankbarkeit, dass ich euch ein Stück begleiten durfte.

Wann immer ihr das Bedürfnis habt, mit mir und meinen transformierenden Energien in Kontakt zu treten, denkt an mich, und ich werde in euren Körper eindringen und liebevoll bei euch wirken. So ist meine Botschaft an euch. Habt Dank. Ich verabschiede mich mit meinem Gruß an euch.

Halleluja,
Amadeii

V. Fremdbestimmende Energien

Fremdbestimmende Energien sind Energien, die ohne eure eigentliche Seelenaufgabe zusätzlich auf euch einwirken und euer Handeln beeinflussen. Es gibt kein Lebewesen auf der Erde, das sich von solchen Energien freisprechen kann, da eure Erde der Lernplanet der Polarität in der Entwicklung des freien Willens ist, der euren Weg dauerhaft beeinflusst.

Ihr werdet als beseelte Lebensformen entwickelt und als solche geboren und habt von diesem Zeitpunkt an schon einen ganzen Bereich an fremdbestimmenden Energien, die euch auf eurem Lebensweg begleiten und euch in allem, was ihr tut, fremdbestimmen.

Das sind zum einen die Energien eurer Ahnen, die in euren Zellen mitschwingen und euch bei euren Taten beeinflussen. Die Ahnenenergien bestehen zum einen aus erworbenen Energien eurer Ahnen, die sich über die Jahrtausende der Existenzen aufgebaut haben und an die nachfolgenden Ahnengenerationen automatisch weitergegeben werden. Ihr unterliegt in diesem Zusammenhang Verhaltensmustern, die sich daraus ergeben und die ihr nicht einfach abstreifen könnt. Es ist für euch wichtig, diese Muster zu erkennen und sie dann für euch und für eure Ahnen in Liebe aufzulösen, damit sie in Folge bei keinem eurer Nachkommen mehr zu wirken brauchen.

Zum anderen haben die Ahnenenergien ein Grundthema, mit dem eure Ahnen und auch alle ihre Nachkommen geboren wurden und werden, und das in jedem Leben immer wieder neu mit den unterschiedlichen Facetten zu leben ist. Findet heraus, welches euer Grundthema ist, und vervollkommnet es für euch und eure Ahnen, denn es beeinflusst euch ein Leben lang.

Ein weiterer fremdbestimmender, vorgeburtlicher Aspekt besteht aus eurem eigenen Karma, das sich über viele Leben in euren Zellen manifestiert hat und durch vergangene Taten immer wieder verstärkt und beeinflussend in eurer DNA wirkt. Hier gilt es, eure Zellen von diesem Karma zu erlösen und eine friedliche Schwingung zu produzieren, die eine Existenz in Liebe, Frieden und Freiheit ermöglicht.

Dieses Wissen ist immer wieder Thema in eurem derzeitigen Leben und wirkt sich hemmend auf eure Entwicklung aus. So gilt es, alle eure Taten aus vergangenen Leben durch Blockaden in eurem derzeitigen Leben zu erkennen und zu versuchen, diese zu verstehen und in Liebe umzuwandeln. Menschen, denen ihr begegnet und zu denen ihr ein schwieriges Verhältnis habt, stoßen euch auf das gelebte Thema, damit Klärung eintreten darf und kann. Oft kann eine Auflösung nur durch Verzeihen und Liebe geschehen. Taten können nur durch liebevolle Gegentaten in einen Ausgleich gebracht werden.

Verletzungen eurer Seele aus vergangenen Leben zählen ebenso zum Thema des Loslassens und der Auflösung in Liebe wie solche, die ihr in anderen Leben anderen Lebewesen angetan habt. Erkennt immer wieder das gleiche Muster, das sich an solche Taten heftet und in die Deutlichkeit kommt. Betrachtet musterhaftes Verhalten in eurem Sein, das in anderen Leben von euch erworben wurde, und erkennt auch eure Aufgabe, die ihr in diesem Leben zu lösen habt, da dies alles mit dem alten Geschehen in Zusammenhang steht. Seht auch den Tag eurer Geburt, der für eure derzeitige Lebensaufgabe sehr aussagekräftig ist und für den ihr euch als Weg entschieden habt.

Weitere fremdbestimmende Energien sind von eurer aktuellen Zeugung an durch eure Eltern gesetzt, die durch ihre Themen, die sie euch mitgegeben haben, fremdbestimmend in euer Leben eingreifen, ohne es aktiv zu wollen. Eure DNA, euer Blut und euer Geist werden so von dem Tag eurer Zeugung an mitbestimmt.

Über eure Eltern erhaltet ihr während eurer Entwicklung auch ihre Wertevorstellungen und die eurer Umgebung, bis hin zur Gesellschaft, in die ihr hineingeboren wurdet. Erkennt auch hier, wie wichtig es ist, euren eigenen Weg in Liebe zu finden, ohne die Wertvorstellung eurer Eltern und eurer Umgebung. Seid wertfrei bei ihren Taten, denn sie können nicht anders.

Werdet in eurer Entwicklung so, wie es gut für euch ist und wie ihr eure Aufgaben erfüllen könnt. Erkennt aber immer die Aura eurer Umgebung an. Entwickelt euch so, dass ihr andere nicht in ihrer Entwicklung behindert oder sogar verletzt. Das ist die höchste Pflicht, die ihr zu berücksichtigen habt.

Der freie Wille ist immer im Vordergrund und darf durch Erziehung, Religion oder Gesellschaft nicht einschneidend begrenzt und manipuliert werden. Allein die Entwicklung und Veränderung eurer Gedanken in Liebe zu euch und zu anderen Lebensformen sind das höchste Gut, das es zu berücksichtigen gilt. Die Liebe ist der Maßstab, an dem ihr euch messen könnt und der euch auf den richtigen Weg in die Entwicklung von Körper, Geist und Seele führt.

Ein wichtiger Aspekt ist die Entfaltung eures freien Willens sowie die Erkenntnis eurer Taten in der Vergangenheit und in der Gegenwart, damit ihr in der Zukunft frei seid von alten Verstrickungen, Mustern, Karma, Besetzungen und Taten, die gegen andere gerichtet waren.

Wenn ihr so in die bewusste Veränderung und in das bewusste Erkennen geht, verurteilt in diesem Prozess bitte nicht eure Ahnen, eure Eltern, eure Umgebung, eure Gesellschaft und alles, was um euch herum existiert. Diesen Rahmen habt ihr euch als Lernprozess in diesem Leben ausgesucht, um so durch eure Entwicklung zum Lohn eurer Taten zu gelangen. Frieden ist der Lohn eurer Taten in der Veränderung. Seid euch dessen bewusst und geht den Weg zu diesem Frieden.

1. Das Karma eurer Ahnen

(Empfangen auf dem Amadeii-Workshop, Karfreitag 2013)

1.1 Fremdbestimmende Energien von Vater und Mutter

Seid gegrüßt und voller Liebe, ihr Menschenkinder, die ihr nun bereit seid, den Weg der Veränderung in die Neue Zeit zu finden und zu gehen.

Es wird eine Zeit kommen, die euer Geist in eurem jetzigen Dasein noch nicht transformieren kann, weil sie mannigfaltig und reichhaltig in den Erfahrungen und Veränderungen sein wird.

Es ist gesetzt, dass nun die Themen, die euch fremdbestimmen und manipulieren, als Erstes von euch gesehen, angeschaut und verändert werden dürfen. Ihr werdet eine Reichhaltigkeit höchster Manipulationen erkennen, die euch in eurem Leben vom Weg abgebracht und euch eine Schwere in eurem Dasein beschert haben, die nicht notwendig gewesen wäre, wenn ihr schon in der Anbindung an den Einen leben könntet.

Doch nun ist diese Anbindung geplant, und so seid ihr heute in diesem Verbund zusammengekommen, um zu verändern und zu verabschieden, was in eurem Leben und auf eurem Weg verändert und verabschiedet werden soll.

Geht bitte Schritt für Schritt euren Weg der Veränderung und setzt keinen Schritt schneller, als ihr eine Transformation einleiten könnt. Alles baut sich aufeinander auf – Stück für Stück, Schritt für Schritt. Ihr werdet es erfahren, wenn ihr eine Veränderung gesehen und angegangen seid, da dadurch eine Transformation und somit ein neues Geschehen in euch aktiviert werden kann, das bis dahin noch im Verborgenen lag.

Darum nochmals meine mahnenden Worte an euch: Geht Schritt für Schritt und seid bitte nicht schneller in eurer Ungeduld, denn so schafft ihr euch mehr Probleme, als ihr bearbeiten könnt.

Kommt in die Langsamkeit. Seid langsam im Erkennen und Verändern, und die Transformation wird schneller sein, als ihr es euch erträumt habt.

Nun ist es Zeit und der Raum für die Energien, die euch lange nicht mehr umgeben haben. Diese erleichtern es euch zu erkennen, welche Geschehen euch in eurem Leben immer noch beeinflussen.

Eure mütterlichen oder väterlichen Energien werden nun eingeladen, in diesen Raum zu treten, sich hinter euch zu stellen und hilfreich für euch zu wirken, damit ihr eine Veränderung der Leichtigkeit eingehen könnt.

Auch Energien, die schon länger nicht mehr auf dieser Erde wirken, werden als Aspekt der Energien von Vater und Mutter hinter euch treten. Und es ist euch erlaubt, diese Energien zu spüren und in Liebe anzunehmen.

1.1.1 Meditation: Vereinigung von Vater und Mutter und Entstehung deines Seins

So ist es gefügt, und so wird es sein. Lauscht meinen Worten und lasst euch in eine Zeit der Vergangenheit führen, die für euch nun wieder eine Wichtigkeit beinhalten darf. Es ist der Zeitraum, in dem eure Mutter und euer Vater sich in Liebe vereint haben.

Spüre die innigen Umarmungen deiner Eltern. Sei voller Freude, in Liebe und voller Erwartung all dessen, was nun durch deine Eltern mit dir passiert.

Eine Vereinigung nahe einer Explosion von Genen, die sich treffen. Samen und Eizelle kommen in Verbindung und vereinen sich in einem Licht. Es ist pures Licht, das vom Schöpfer in diesem Augenblick bereitgestellt wird, um ein Leben zu zeugen.

Dieses kleine Licht, das deine Eizelle beleuchtet, ist ein Licht der Zukunft. Und während dieses Licht in der befruchteten Eizel-

le leuchtet, sind beide Anteile deiner Eltern, der mütterliche und der väterliche Anteil, aktiv und wirken im Licht.

Aus der befruchteten Zelle entsteht eine Teilung, die den mütterlichen und den väterlichen Anteil beinhaltet.

Jetzt stoppen wir die Entwicklung deiner Eizelle für kurze Zeit, weil dieser wichtige Zeitpunkt den Anfang deines Lebens im körperlichen Sein beschreibt.

Und ich fordere dich auf: Forme deine Hände in Form eines kleinen Balls und sieh diesen Ball an, der deine Eizelle darstellt, die du nun in deinen Händen hältst. Schau sie dir an. Wie fühlt sie sich in deinen Händen an? Ist ein Pulsieren zu spüren? Angst? Liebe?

Ich fordere dich weiter auf, diese Eizelle nahe an deinen Mund zu führen. Vor deinem Mund entfaltet sich ein Ballon, ähnlich eines Luftballons. Füge deine Lippen und die Eizelle von der anderen Seite an den Ballon.

Nun fließen alle Energien deiner Mutter und deines Vaters, vereint durch die Eizelle, in diesen Ballon. Und deine Energien fließen ebenfalls über deine Lippen durch deinen Atem in diesen Ballon.

In dem Ballon befinden sich nun deine persönlichen Energien, dein Sein, und ebenfalls die Energien deiner Mutter und deines Vaters.

Jetzt beginnt der Ballon sich zu bewegen. Er rotiert so, wie eine Zelle sich immer in Bewegung hält. Und Licht fließt in diesen Ballon hinein, und meine transformierenden Energien fließen ebenfalls in diesen Ballon hinein, klärend und reinigend.

Innerhalb der Rotation entsteht eine Veränderung. All das, was du hundertprozentig bist, bewegt sich zur rechten Seite des Ballons und rotiert in einer Senkrechten. Und alles, was fremdbestimmende Energien deiner Eltern sind, fließt zur linken Seite des Ballons und rotiert dort in einer Senkrechten. Dazwischen ist nur noch Licht.

*So haben wir getrennt, was du im Ursprung in deiner Exis-
tenz von dem Einen bist. Und du hast alles abgegeben, was dich
in deiner Zellformation, deiner DNA, fremdbestimmt hat.*

*Ich weise die Energien deines Vaters und deiner Mutter, die
nicht für dich bestimmt sind und die du nicht bist, an, diesen Ballon zu verlassen und wieder in ihre Energieform von Vater und
Mutter zurückzufließen.*

*Und deine eigenen Energien, die dich wirklich ohne Fremd-
bestimmung ausmachen, werden nun im Licht erstrahlen. Du
spürst durch die Trennung in dem Ballon in deinem Körper einen
Wonneschauer, eine Vorfreude auf dein Sein.*

*Deinen Körper reinige ich mit meinen AMADEII-Energien –
vom Mandala aus durch deinen kompletten Körper, bis hin zu
deinen Füßen. Und nochmals geht meine Energie klärend vom
Mandala aus durch deinen kompletten Körper, bis hin zu deinen
Füßen. Und zum dritten Mal fließen meine Energien vom Mandala aus durch deinen ganzen Körper, bis hin zu deinen Füßen. Jetzt
sind alle deine Zellen von den Energien geklärt und gereinigt, die
nicht die deinen sind.*

*Der Ballon öffnet sich, und deine ureigenen Energien fließen
komplett zu dir zurück. Dein Körper ist nun wieder in seinen Ursprungsenergien, die nur du selbst bist und die voll durchleuch-
tet im Licht wirken.*

*Lass es auf dich wirken. Lass es zu. Du erhältst so eine ganz
neue Daseinsberechtigung. Und alles genetisch Veranlagte,
alles Vererbbare, alle semantischen Erinnerungen und Erfahrungen, die du über deine Eltern erleben musstest, lösen sich
für dich auf.*

*Du siehst über und um dich herum ein Licht. **Du bist dieses
Licht!** Du strahlst nun in einem anderen Licht. Du bist erneuert.*

*Nun erkennst du vor deinem Dritten Auge, wie sich dir eine
Gestalt mit einer hochleuchtenden Energie nähert. Schau dir bitte diese Energie und diese Farbe an. Es ist deine Grundfarbe. In
dieser Farbe werden deine Zellen nun strahlen und sich stünd-*

lich und täglich verändern. Diese Farbe bist du. Merke dir diese Farbe. Sie ist wichtig und wertvoll für dich.

Danke diesem strahlenden Wesen für die Manifestation und Stärkung der Farbe in deinen Zellen, die dir die neue Entwicklung nun ermöglichen. Du bist entsprungen aus Vater und Mutter, doch durch die vorgenommene Trennung bist du nun du selbst. So ist es, und so soll es für immer sein.

Jetzt löst euch aus diesen Energien, aus den Gedanken und Bildern, und kommt wieder ganz ins Hier und Jetzt. Verankert dieses Wissen tief in eurem Gedächtnis, damit ihr immer wieder in eurem Bewusstsein nachspüren könnt, was ihr erlebt und erfahren habt.

Ich möchte euch aufrufen, euch bitten, zusammen mit mir einen Laut zu singen, ohne Scheu und voller Freude, damit eure Zellen klingen können. Es ist der Laut „A".

Singt zusammen mit mir ein A: „A, A, A..."

Habt Dank. Wann immer ihr in Zukunft diesen Laut anstimmt, beginnen eure Zellen sich anzuregen und zu erneuern. Es ist der Laut der Verjüngung. Und wir werden ihn heute noch öfter anstimmen, weil nun eure Zellen bereit sind, sich zu erneuern.

Jetzt kommt in die Ruhe. Legt euch hin und gönnt euch eine Pause, damit wir anschließend dort wieder anknüpfen können, nachdem eure Zellen für 15 Minuten die Möglichkeit hatten, sich zu verändern.

Habt Dank vorerst,
AMADEII

1.1.2. Meditation: Von der Entfaltung bis zur Geburt und Reinigung eures Blutes

Voller Freude erkenne ich das Leuchten der Zellen in jedem Einzelnen von euch, das sich schon voll zu der Farbe verändert hat, die für eure Zellen Ausdruck und Veränderung ist. Ich erkenne bei jedem Einzelnen, auch wenn sich mancher Zweifel in euch hegt, wie die Zellen angefangen haben, neu zu strahlen. Und es ist eine Freude zu erkennen, wie eure Aura sich verändert hat und immer größer wird. Ihr seid die Geschöpfe des Einen. Ihr seid Licht.

Begib dich nun wieder auf den Weg zu dem Einen, in dem Bewusstsein des Angebunden-Seins und der Einmaligkeit. Du bist einmalig in deiner Daseinsform. Und so bitte ich dich, deinen Weg weiterzugehen. Richte deine Aufmerksamkeit wieder zu der befruchteten Eizelle, die dein Dasein enthält.

Sie nimmt ihre Wanderschaft auf und verändert sich von Millimeter zu Millimeter von einer Zelle über Zweiteilung, Dreiteilung, bis sie die Form einer Morula, einer Blaubeere oder Brombeere ähnlich, angenommen hat. Diese Morula nistet sich in der Gebärmutter deiner Mutter ein, und du bist nun angebunden an den Stoffwechsel deiner Mutter. Du bist nun angebunden an die Eine, die dir nun Leben schenken kann. Dein Herz fängt langsam an zu schlagen, deine Organe bilden sich aus, du fühlst dich wohl in deinem Körper, wie in einem kleinen Wohnraum.

Und es wird Licht in diesen Wohnraum geschickt, das deine gereinigten Zellen belebt, und die Zellen teilen und verändern sich und bilden so das zukünftige Menschenkind, das du dann sein wirst.

An dem Tag der Tage, dem Tag deiner Geburt, begibst du dich auf Wanderschaft und verlässt den Körper deiner Mutter, immer noch mit ihr in Kontakt, verbunden durch die Nabelschnur. Und du kommst ins Licht. Du siehst Licht. Ein Schrei verlässt deinen Mund, und die Lungen blähen sich auf. Und du beginnst, selbst-

ständig zu atmen. Du atmest getrennt von deiner Mutter, bist jedoch über den Blutkreislauf immer noch mit ihr verbunden.

Nun bitte ich dich, dich als Baby in deine Hände zu nehmen, zusammen mit der Nabelschnur, die dich noch mit deiner Mutter verbindet. Hebe das Baby hoch, während sich wieder ein Ballon vor dir und deiner Mutter entwickelt.

Die Nabelschnur taucht ganz in diesen Ballon ein. Sie öffnet sich, und der Ballon füllt sich mit dem Blut von dir und deiner Mutter sowie den Energien deines Vaters.

Und das Blut beginnt sich in diesem Ballon zu bewegen, langsam rotierend, so, wie sich alles in einem Fluss in Bewegung hält. Innerhalb dieser Rotation entsteht eine Veränderung. Ein Licht fließt in den Ballon sowie meine transformierenden AMADEII-Energien. Das Licht, das von oben kommt, trennt das Blut in dem Ballon in zwei Anteile: in deine und in die deiner Eltern.

All das, was du hundertprozentig bist, bewegt sich zur rechten Seite des Ballons und rotiert in einer Senkrechten. All das, was fremdbestimmende Energien deiner Eltern sind, geht zur linken Seite des Ballons und rotiert dort in einer Senkrechten. Dazwischen befindet sich nur noch Licht.

Und ich weise die Energien deines Vaters und deiner Mutter an, die nicht für dich bestimmt sind und die nicht du bist, diesen Ballon wieder zu verlassen und in die Energieinformationen von Vater und Mutter zurückzufließen. Und die Energien deiner Eltern fließen über die Nabelschnur wieder zurück zu deiner Mutter.

So haben wir herausgefiltert, was du im Ursprung deiner Existenz durch den Einen bist. Und du hast alles abgegeben, was dich in deiner Blutinformation fremdbestimmt hat.

Meine transformierenden AMADEII-Energien klären und reinigen alle deine Anteile in diesem Ballon. So ist dein Blut gereinigt und hat allein die Energien, die dich in diesem Leben begleiten sollen, in sich.

Das Licht in dem Ballon dehnt sich aus und aktiviert das Blut in dem Ballon, das allein deins ist. Wir schneiden die Nabelschnur durch und trennen diese Endgültigkeit der Fremdbestim-

mung. Jeder Anteil der zwei Nabelschnüre verschließt sich, und der Anteil deiner Mutter zieht sich zurück aus diesem Ballon, um wieder in seine eigenen Energien zurückzukehren.

Du bist nun nicht mehr verbunden mit den Energien deiner Eltern. Dein Blut ist dein Blut, und es hat jetzt nur noch die Energien, die allein zu dir gehören.

Alle genetischen Informationen aus der Vergangenheit, die schädigend sein könnten, haben mit diesem Prozess deinen Körper verlassen. Dein Blut ist jungfräulich, voller Freude und Energie, ohne Krankheit und ganz rein in seiner Eigenschaft.

Ein Licht kommt über dein Mandala in deinen Körper, fließt von oben in deinen Körper hinein und reinigt jede einzelne Zelle von noch bestehenden Altinformationen des Blutes, die nun bei dir keinen Raum mehr haben.

Und nochmals fließt ein Licht von oben über dein Mandala in deinen Körper und reinigt jede einzelne Zelle in deinem Blut, Plasma und Serum. Und alle sonstigen Anteile in deinem Blut werden erneuert.

Auch dein Knochenmark wird bestrahlt mit diesem Licht, damit es von nun an nur noch Blutzellen produziert, die gesund und in deiner Eigenschwingung sind und dich ohne Fremdbeeinträchtigung darstellen. Du bist – du bist pur.

In deiner Milz findet eine Neuentwicklung und Neuspeicherung deines Blutes statt, und in deiner Leber wird alles, was dort gespeichert war, ebenfalls in diesen neuen Blut- und Zellrhythmus integriert. Alle deine Arterien, Venen und Kapillaren erneuern sich in dieser neuen Blutflüssigkeit. Und dein Herz erfährt eine Veränderung, weil es durch deine neue Blutkonsistenz leichter hat, zu arbeiten.

Alles Geschehen aus der Vergangenheit verabschiedet sich durch die Erneuerung deiner Blutzusammensetzung. Du bist erneuert. Und nochmals fließt ein Licht in deinen Körper und gibt allen Stationen in deinem Körper, die mit eurem Blut in Verbindung sind, eine Veränderung in Liebe mit.

Während du nun so weit vorbereitet bist, öffnet sich deine Blase, und das Blut aus deiner Nabelschnur fließt über deinen Bauchnabel in deinen Körper. Auch deine Nabelschnur zieht sich mit ihrem Anteil wieder in das Neugeborenen-Dasein zurück. Nun bist du so, wie du sein solltest, ohne jegliche fremdbestimmende Energien.

Du bist. Du bist. Und von außen kommt eine Energieform zu dir. Sie stellt sich vor dich, und Licht wird von ihr zu dir übertragen, um deine Zellen zu festigen.

Wir manifestieren diese Veränderung in euren Zellen wieder mit dem bekannten Klang, den wir gemeinsam für eure Zellen und für eure Blutaktivierung anstimmen werden.
Ich bitte euch, stimmt gemeinsam mit mir den Laut „A" an. Singt zusammen mit mir ein A: „A, A, A..."
Eure Zellen sind voll aktiviert und mit Freude erfüllt. Die zweite Stufe in die Verjüngung ist aktiviert worden. Ich ehre euch, weil ich euer Strahlen sehe und erkenne, wie ihr euch verändert.

Nun löst euch aus diesen Energien, Gedanken und Bildern und kommt wieder ganz ins Hier und Jetzt.
Seid in Liebe und bereit, dieses Geschehen, diese Veränderung und dieses Wissen tief in eurem Gedächtnis zu verankern, damit ihr immer wieder in eurem Bewusstsein nachspüren könnt, was ihr erlebt und erfahren habt, auf dass ihr für immer diese Blutveränderung nachvollziehen könnt.

Habt Dank,
AMADEII

☆

1.1.3 Meditation: Umprogrammierung eurer Zellen und Reinigung eures Atems

Nun wollen wir die Umprogrammierung eurer Zellen im Einklang mit Vater und Mutter und die Verabschiedung von fremd manipulierten Energien beenden.

Es ist gesetzt, dass die DNA nun nur noch eure reine DNA ist, ohne eine Manipulation eures Vaters oder eurer Mutter. Es ist gesetzt, dass euer Blut euer reines Blut ist, nur mit euren Energien. Ihr wirkt so pur, wie ihr geschaffen werden solltet. Ihr seid rein.

Jetzt werden wir den dritten Anteil der Fremdbestimmung von Mutter und Vater bei euch aufdecken und verabschieden, damit ihr in der Lage seid, als das einzige Lichtwesen vor dem Einen zu existieren und euch so entfalten zu können, wie es für euch geplant war.

So möchte ich dich bitten, rufe deinen Vater und deine Mutter zu dir. Bitte sie, sich vor dich hinzustellen, liebevoll, strahlend in ihrer Art und in absolut reiner Absicht.

Aller Groll der Vergangenheit wird aufgelöst. Es ist reine Liebe, die euch derzeit noch emphatisch verbindet. Und so wird es sein.

Erkenne für dich die Energieform deiner Mutter und gleichzeitig die Energieform deines Vaters. Lass sie vor dir wirken und strahlen.

Wiederum bildet sich vor dir ein Ballon, der euch trennt und jeden für euch in seine Einheit bringen kann. Und ich bitte deine Eltern, ihren Atem in diesen Ballon hineinzugeben.

Der Ballon wird gefüllt mit dem Atem deiner Eltern. Schau dir diesen Atem an. Welche Farbe hat er? Ist er hell oder dunkel? Hat er überhaupt eine Farbe?

Während du dir dessen bewusst wirst, fordere ich dich auf, mit deinem Mund Kontakt mit dem Ballon aufzunehmen und deinen Atem ebenfalls in diesen Ballon hineinzugeben.

Dein Atem verbindet sich mit dem deiner Eltern. Es kann sein, das du dich in einer kindlichen Situation erkennst, in der dieser Atem in Kontakt zu dir getreten ist.

Wie alt warst du? Ist dir bewusst, was dieser Atem für dich bedeutet hat? Auch wenn er liebevoll war, war es ein Atem, der dich verändert hat. Und euer aller Atem kreist in diesem Ballon, rotiert, geht Verbindungen ein, separiert und umkreist weiter.

Schau dir wieder die Farbe an, die der Atem von euch dreien in diesem Ballon hinterlässt. Schau dir den Atem an. Ist er hell, dunkel, grau oder bunt?

Während du die Farbe betrachtest, kommt ein Lichtstrahl in den Ballon und separiert deinen Atem ohne Fremdbestimmung zur rechten Seite.

Atme tief durch. Du brauchst keine Angst zu haben, du hast Atem genug für dich allein. Und das Licht erfüllt den Raum.

Der Atem deiner Eltern geht auf die linke Seite und bildet dort einen gemeinsamen Atem, der nun in der Senkrechten kreist.

Dein Atem auf der rechten Seite bildet ebenfalls einen senkrechten Kreis, in dem er rotiert. Sollte Schwindel in dir auftauchen, sei dir bewusst, dass dieser durch den Verlust des Atems deiner Elternanteile entsteht. Doch dieser Anteil wird nun aufgefüllt mit dem Licht des Einen, mit reinem, kristallklarem Licht in Liebe und Klarheit.

Dein Atem entwickelt sich und wird kraftvoller und stärker. Auch deine Eltern geraten in ein Defizit von Atem, da du deinen Atem nun für dich alleine benötigst. Und auch dort schicken wir das heilende Licht des Einen hin.

So trennt sich, was zu trennen ist. So klärt sich, was zu klären ist. So atmet, was zu atmen ist.

Jeder atmet nur noch seinen Atem, der für ihn fruchtbar und klärend ist. Und während ihr so die Trennung erfahren habt, fordere ich den Atem deiner Eltern auf, sich wieder in seine eigenen Energien zurückzubegeben.

Das Licht in dem Ballon dehnt sich komplett zu deinem Atem aus. Es rotiert und tanzt. Es ist ein befreiendes Sein. Du kannst wieder frei atmen. Du bist befreit von den Fesseln des Atems deiner Eltern.

Alle Krankheiten, die mit diesem Atem in Verbindung gestanden haben, sind von nun an gelöscht und verändert. Du hast Luft, du hast einen leichten und freien Atem.

Während dein Atem in Liebe aufbereitet wird, kommt ein Licht von oben über dein Mandala in deinen Körper und klärt die letzten Zelleinheiten, die durch diesen Atem beeinflusst worden sind: deine Zellen, dein Blut, dein ganzes lymphatisches System, alle Einheiten deiner Körperlichkeit, beginnend bei deinem Gehirn, über die Nervenleitungen, die einzelnen Sinnesorgane, die Organe, Schilddrüse, Leber, Milz, Bauchspeicheldrüse, Niere, Lunge, weiter zum Magen und Darm und hinunter in deinen Genitalbereich.

Noch einmal fließt ein Licht von oben in dein Knochensystem, in die Nervenstränge, in deine Wirbelsäule, deine Bandscheiben, deinen Halswirbel, deinen Brustkorb, deine Lendenwirbel, deinen Kreuzbeinbereich, deine Hüfte, Beine und Arme.

Und wieder kommt von oben ein Energiestrahl, der deine Haut in die Veränderung bringt und alles klärt und reinigt, damit du so sein darfst, wie es für dich geplant war.

Nachdem dein Körper diesen Reinigungsprozess durchlebt hat, bitte ich dich, deinen gereinigten Atem in dem Ballon über deinen Mund einzuatmen. Nimm einen tiefen Atemzug. Atme bis in deine tiefsten Zellen ein und wieder aus. Und noch einmal bis in deine tiefsten Zellen ein und wieder aus.

Und ein drittes Mal fordere ich dich auf, tief ein und auszuatmen. Die letzten Bereiche in deinem Körper sind nun von deinem Atem, der nur von dir bestimmt wird, belebt. Du bist nun so, wie der Eine dich gewünscht und geschaffen hat. Du bist göttlich, du bist du.

Ziehe nun deinen Atem aus dem Ballon heraus, damit er sich auflösen kann. Er hat seine Aufgabe erfüllt.

Während du nun in deinen Energien wirken darfst, nimm den Mundschutz, den ich dir reiche, und lege ihn über deinen Mund und deine Nase. Dieser Schutz über Mund und Nase bewahrt dich in Zukunft davor, noch einmal Fremdatem einzuatmen. Es ist ein Schutz für dich.

Nun bitte ich deine Mutter, vor dich zu treten und dich liebevoll zu umarmen, ohne dass sich euer Atem vermischen kann. Seid in Liebe.

Wenn du deiner Mutter noch etwas zu sagen hast, dann tu es jetzt.

(Pause)

Jetzt tritt deine Mutter zur Seite, und ich bitte deinen Vater, zu dir zu treten und dich zu umarmen. Lass alles geschehen, was du sonst nicht geschehen lassen konntest. Verzeihe ihm, schick Liebe zu ihm, bitte dich selbst, Dinge zu verzeihen.

Dein Vater verabschiedet sich ebenfalls von dir und tritt zurück.

Eine Schwere kommt in deinen Körper, weil es ein Abschied ist, der dir jetzt bewusst macht, dass du nun auf dich alleine gestellt bist, ohne die fremdbestimmenden Energien deiner Eltern. Doch sei gewiss, deine Eltern können trotz allem für dich in Liebe wirken – in der Geistigen Welt oder in diesem Leben.

Versuche, liebevoll mit ihnen umzugehen, denn sie werden die Veränderung, wenn sie noch leben, ebenfalls sehr stark spüren und irritiert sein. Gehe liebevoll mit ihnen um, doch meide ihren Atem.

Deine Eltern verabschieden sich nun voller Liebe und Freude und in dem Bewusstsein, dass in dieser Begegnung für euch alle etwas geklärt und gereinigt worden ist.

Und denke voller Liebe:

„Habt Dank, ihr Eltern, Vater und Mutter.
Habt Dank dafür, dass ihr mich gezeugt habt.
Hab Dank, dass du, Mutter, mich zur Welt gebracht hast.
Habt Dank für alles, was ihr für mich getan habt, auch wenn ich es oft nicht erkannt habe.
Habt Dank auch für nicht so nette Worte, die mir den Weg gewiesen haben.
Habt Dank für eure Energien."

Und deine Mutter und dein Vater verabschieden sich, und du bist jetzt hier auf dich alleine gestellt, in der Anbindung zu dem Einen.
Es kommt eine kristalline Heilenergie über dein Mandala, fließt in deinen Körper und stärkt, kräftigt und reinigt alles in dir, was noch zu kräftigen und zu reinigen ist.
Atme tief ein und aus, atme deinen Atem tief ein und aus. Spüre die Stärke, die bei dir nun wirken kann. Sei kraftvoll.

Ich möchte euch bitten, zur Aktivierung und zur Potenzierung eurer Zellen den Zell-Laut zu singen, damit die Zellen sich in ihrer Entwicklung und in ihrem Wohlbefinden entfalten können. Tut es so, wie ich es euch gezeigt habe.

Stimmt gemeinsam mit mir den Laut „A" an: „A, A, A..."

Es ist vollbracht, es ist getan. Die fremdbestimmenden Energien von Vater und Mutter sind aus eurem Körper herausgenommen. Eure Zellen, euer Blut und euer Atem wirken jetzt nur noch in eurem und dem Dasein des Schöpfers.

Ihr seid nun das Besondere: Ihr seid ihr.

Eure Zellen sind aktiviert und voller Freude. Die dritte Stufe in die Verjüngung wurde aktiviert. Ich ehre euch, weil ich euer Strahlen sehe und erkenne, wie ihr euch verändert.

Nun löst euch aus diesen Energien, löst euch aus den Gedanken und Bildern und kommt wieder ganz ins Hier und Jetzt.

Seid in Liebe und jetzt auch wieder bereit, dieses Geschehen, diese Veränderung und dieses Wissen tief in eurem Gedächtnis zu verankern, damit ihr immer wieder in eurem Bewusstsein nachspüren könnt, was ihr erlebt und erfahren habt, auf dass ihr für immer diese Atemveränderung nachvollziehen könnt.

Klärt und reinigt und vergesst nicht, immer wieder tief ein und auszuatmen. Ihr atmet reine Schöpferenergie und das pure Licht des Einen ein.

Nun ziehe ich mich liebevoll zurück.

In Dank an euch,
AMADEII

2. Das Karma gelebter Energien

(Empfangen auf dem Amadeii-Workshop am 25.10.2013)

2.1 Veränderung eurer Gedanken hin zur Liebe

Liebe in euer Herz, ihr Menschenkinder, die ihr euch in diesem Raum befindet und von mir Hilfe und Antworten erwartet, die für euren Weg und eure Entwicklung notwendig sind. Ich grüße euch voller Freude und im Vertrauen, dass ihr heute in einen Prozess gelangen werdet, der für euch an wertvollen Erfahrungen mannigfaltig sein wird.

Ich, Amadeii, die Energie der Zukunft, sage euch: Eure Entwicklung wird sich derart schnell gestalten, wie ihr es nicht für möglich gehalten hättet. Doch ich sehe und erkenne eure Seele und euren Weg. Ein Weg, den ihr ohne Sorgen, Tränen und Traurigkeit gehen könnt. Dieser Weg ist bei der Inkarnation eurer Seele in euren Körper mitgebracht worden. Alles war von eurer Seele geplant, vorhergesehen. Und nun ist die Zeit gekommen, alle Wege zu korrigieren und die Hürden zu verabschieden, die euch von eurem Weg weggeführt haben. Seid im Vertrauen, dass ihr würdig seid, euren Weg zu gehen und derzeit bereit seid, euch für die Neue Zeit zu verändern, die in Frieden und in Liebe gestaltet sein wird. Aus meinen Erfahrungen in der Siebten Dimension sage ich euch: Dort habt ihr keine Energie mehr von Lüge, Macht, Intrigen, Verletzungen und sonstigen Denunzierungen, die euch euer Leben schwer machen beziehungsweise schwer gemacht haben.

Die Klärung solcher Gegebenheiten und Verabschiedungen sowie das Loslassen in Liebe sind die Zukunft. Darum seid euch bewusst, dass alle Verletzungen, die ihr in euren Gedanken bewusst weitertragt, euch von der Verabschiedung abhalten, eure Handlungen manipulieren und euch Steine in den Weg legen, die euch vom Weg in eure Liebe abbringen können. Darum lernt für die Zukunft bewusst alles, was von eurer Vernunft immer wieder in euer Gedächtnis gebracht wird. Denn es will euch von der Harmonie entfernen. Harmonie kann nur in Liebe und im Verzeihen entstehen. Machtvolle Gedanken in der Vergangenheit – Ärger, Verlust, Wut und Aggression – können euch von eurem Weg abhalten.

Darum ist es in der Zukunft Thema für euch zu erkennen, was euch von eurer Liebe abhält, was euch in euer Gleichgewicht und in euer Ungleichgewicht bringt. All das wird euch in unterschiedlichen Variationen bewusst gemacht. Die Geistige Welt arbeitet in euren Träumen für euch und gibt euch in ihnen Botschaften für euren Geist. Wenn ihr in der Lage seid, euch an diese Botschaften zu erinnern, begebt euch vertrauensvoll in dieses Geschehen und fragt euch, was euch bewusst gemacht werden sollte. Welche Botschaft sollte euch deutlich gemacht werden und hat euch in dem Geschehen veranlasst, verletzt oder wütend zu sein? Dann geht in diese Emotionen hinein und versucht, sie in Liebe zu verabschieden. Diese Emotionen sind nicht in Liebe und haften so lange an euch, bis ihr sie in Liebe auflöst.

Darum geht liebevoll mit eurem Geist um und erkennt mit seiner Hilfe diese Informationen in ihrem Wert, ohne dass eure Vernunft euch wieder auf einen anderen Weg bringt. Das ist für euch zu erkennen in Sätzen wie:

⇨ Das will ich nicht!
⇨ Der hat mich verletzt!
⇨ Das kann ich nicht verzeihen!

Ich kann nicht verzeihen heißt: Ich will nicht verzeihen. Wie oft in eurem Leben sagt ihr: „Ich kann nicht!" Glaubt mir, solche Sätze sind von eurer Vernunft gesteuert. Wann immer euch eine solche Aussage bewusst wird, lasst ein Glöckchen in eurem Kopf erklingen, dass euch deutlich macht, was ihr gesagt habt.

Wenn ihr euch eurer Wortwahl und dieser Aussage bewusst werdet, habt ihr den ersten Schritt in die Veränderung geschafft. Ein Innehalten bei Sätzen wie: „Ich kann nicht", ist der erste Schritt, um sich mit dem Thema in Liebe auseinanderzusetzen. Hinzuhören ist der erste Schritt, um das Thema angehen zu können.

Betrachtet neugierig dieses „Ich kann nicht", warum ihr nicht könnt, wie stark diese Verletzung für euch war, warum ihr verletzt wart, was euch besonders angepickt hat und warum ihr es nicht verabschieden könnt. Betrachtet gleichzeitig auch euch und eure Reaktion in dieser Situation. Seht, was ihr nicht verabschiedet habt. Seht, warum ihr ein Signal für die Tätigkeit eures Gegenübers gegeben habt.

Erkennt auch, dass nichts ohne euer Signal geschieht.
Fragt euch:

⇨ Hatte ich in dieser Situation die Aufgabe, ein Opfer zu sein?

⇨ Habe ich meinem Gegenüber das Signal gegeben, so mit mir umzugehen?

⇨ Habe ich in meinen vergangenen Verhaltensweisen meinem Gegenüber die Berechtigung gegeben, mich so zu denunzieren, zu schwächen, zu beleidigen?

Seid ehrlich zu euch. Wenn es eine Opferrolle war, die ihr hier übernommen habt, sagt euch, dass die Zeit der Opferrolle vorbei ist. Ihr habt gelernt, gesehen, erkannt, und nun ist die Rolle des Opfers nicht mehr in ihrer Kraft. Ihr werdet in ähnlichen Situationen kein Opfer mehr sein. Ihr werdet nicht mehr zu Opfern! Und wenn eure Aufgabe eine andere war, zum Beispiel einen Konflikt mit euch zu bereinigen, aus welchem Grund auch immer, fragt euch, warum es diesen Konflikt zwischen euch gegeben hat. Fragt euch, ob ihr die Ursache dieses Konflikts wart beziehungsweise einen Anteil daran hattet.

Dann seht diesen Konflikt mit anderen Augen. Erkennt, dass ihr auch initiativ in diesem aktiven Prozess wart. Wenn ihr das erkannt habt, seht deutlich auch die Verletzungen des anderen in dieser Situation und die bestimmenden Absichten des Gegenübers als Reaktion auf euch und eure Taten. Und erkennt, dass es nie eine Aktion eines Einzelnen, sondern immer alles in Symbiose miteinander ist. In diesem Erkennen lasst liebevolle Gedanken zu dem anderen fließen und sprecht: „Ja, wir haben beide an diesem Konflikt zu tragen gehabt, beide zu diesem Konflikt unseren Teil beigetragen, und wir möchten diesen Konflikt in Liebe verabschieden, damit er uns nicht weiter belastet."

Betrachtet bitte alle Ereignisse, die in eure Gedanken kommen, auf diese Weise. Geht sie in Liebe für euch an. Ihr tut es für euch und euer Seelenheil, nicht für euren Kontrahenten.

So, wie ihr euch verändert und zu strahlen beginnt, so wird eure Entwicklung in die Liebe sein. Und das, kann ich euch sagen, ist erstrebenswert für den nächsten Aufstieg in die Siebte Dimension, denn dort sind Frieden, Liebe und Harmonie. Ein Klingen und sanftes Licht in allen Variationen. Töne und Farben schwingen um euch herum. Es ist ein Friede, der von allen gleich ausgestrahlt wird. Und eure Aufgabe in der Zukunft werden ein Aufstieg und Frieden nur für euch sein, damit ihr euch noch höher entwickelt und so in eurem Wirken auf alle strahlt. Ihr seid dann einer für viele, und ihr strahlt für euch und somit für eure Gemeinschaft.

2.1.1 Meditation: Kontakt mit eurem Inneren Kind und Auflösung von Verletzungen durch ein Elternteil

Nun möchte ich mit euch eine Meditation durchführen, die auf Konflikte mit euren Eltern eingeht und euch hilft, diese Konflikte anzusprechen und zu verabschieden, um in eure Mitte und eure Liebe zu kommen.

*Legt oder setzt euch hin, so, wie es für euch stimmig ist. Ich
warte, bis jeder seine Position gefunden hat.*

*Ich fordere dich auf: Atme tief in deinen Körper hinein. Lass
Energie in Form von Luft in deinen Körper fließen und atme alles aus, was dir nicht guttut. Dann atme wieder tief in deinen
Körper hinein. Gib gedanklich Frieden in dich und atme wieder
bewusst alles aus, was in deinem Körper nichts zu suchen hat.
Und noch einmal tief einatmen, hin zu deiner Seele, die ihr Haus
in deinem Herzzentrum hat. Dann atme wieder tief aus, wieder
ein und wieder aus und noch einmal ein und wieder aus.*

*Mit dem nächsten Atemzug ziehst du deinen Atem in dein
Sakralchakra, das sich unterhalb deines Bauchnabels befindet.
Atme dort bewusst ein und aus. Nun schicke ich einen Lichtstrahl
in diesen Bereich, denn es ist der Sitz deines Inneren Kindes.*

*Ich grüße dein Inneres Kind. Bitte lege deine Hände auf dein
Sakralchakra und sei bereit, mit deinem Inneren Kind in Kontakt
zu treten. Sei bereit, dein Inneres Kind zu erkennen.*

*Vor deinem Sakralchakra entsteht außerhalb deines Körpers
ein Lichtballon, ein heller strahlender Kreis voller Energie, der an
dein Sakralchakra andockt. Ich bitte dein Inneres Kind, sich aus
deinem Sakralchaka in diesen energetischen Kreis zu begeben.
Sieh dir nun dein Inneres Kind in diesem Kreis an. Kannst du es
erkennen? Verändert sich die Farbe des Kreises? Die Größe? Ist
dein Inneres Kind in sich zusammengesunken oder zeigt es sich
dir deutlich? Kannst du es bewusst sehen, oder erkennst du nur
einen Schatten?*

*Während du so den Kontakt zu deinem Inneren Kind auf-
baust, bitte das Elternteil, mit dem du einen Konflikt hast oder
hattest, sich vor diesen energetischen Kreis zu stellen. Bitte
dieses Elternteil, sich dem Ruf zu stellen, hier zu erscheinen, sich
vor deinem Energiekreis aufzubauen und ebenfalls sein Inneres
Kind in einen Energiekreis zu geben, der sich vor seinem Sakralchakra aufbaut.*

Kannst du das Innere Kind deines Elternteils erkennen? Den Energiekreis und seine Farbe? Wenn ja, hast du Gemeinsamkeiten mit dem Energiekreis deines Elternteils? Vielleicht die Größe, die Farbe oder das Aussehen gemeinsam? Sieh dir das Innere Kind interessiert an.

Während du das Innere Kind deines Elternteils kennenlernst, wird zwischen den beiden Energiekreisen ein Tunnel hergestellt, der sie miteinander verbindet. Der Teil, der mit dir in Liebe ist, darf zu deinem Inneren Kind schweben und sich mit seinen Energien verbinden.

Wie fühlt sich das für dich an? Hast du Angst? Bist du unruhig? Oder bemerkst du eine Gemeinsamkeit, die in Liebe und Harmonie ist? Bist du im Frieden mit diesen Energien? Wenn ja, schau dir den energetischen Teil an, der nicht in Harmonie ist und sich noch in dem anderen Ballon befindet. Das sind die verletzenden Energien des Inneren Kindes deines Elternteils. Sieh dir diese Energien an.

Nun möchte ich dich bitten, wenn du dazu in der Lage bist, die Energien, mit denen du in Konflikt stehst, in Liebe zu dir einzuladen. Das darfst du jetzt tun.

Sollte es dir widerstreben, musst du das nicht tun. Aber ich möchte dich bitten, mit deinen Händen den Energieball deines Elternteils zu berühren und mit deinen Gedanken über deine Hände Verzeihungsenergien hineinzugeben. Sprich während dieser Aktivität aus, wo du durch das Elternteil verletzt wurdest. Sprich ebenfalls aus, was du vermisst hast. Sprich aus, was du dir von dem Elternteil gewünscht hättest. Und sprich aus, warum diese Verletzung oder diese Handlung dich so berührt hat. Gehe in Kommunikation. Erkläre dich.

Währenddessen schicke ich meine transformierenden Amadeii-Energien in beide Energiebälle und in deine Hände, damit du Transformation und Klärung erlangst. In dem Erkennen, dass auch du einen Anteil hattest bei diesen Verletzungen, fordere ich dich auf, auch für alles, was du deinem Elternteil angetan hast,

Verzeihungsenergien in dessen Energieball hineinzugeben. Bitte um Verzeihung für deine Taten.

Nun bitte ich dich, wenn es für dich in Ordnung ist, den Energieball deines Elternteils mit deinem Energieball in Liebe verschmelzen zu lassen. Aber, wie gesagt, nur, wenn es für dich in Ordnung ist.

Im anderen Fall lege weiter deine Hände auf den Energieball deines Elternteils, damit sich die Energien der Verletzungen verändern können. Sie entweichen und verabschieden sich in Liebe. Auch die Farben des Energieballs verändern sich. Sieh dir die Farben an. Mache sie dir bewusst. Es sind die Farben, die du mit deinem Elternteil gemeinsam hast. Schicke gedanklich Vergebungsenergie und bitte ebenso um Verzeihung für dich.

Im Namen deines Elternteils bedanke ich mich, bitte um Verzeihung für ihre Taten, das Nichtverstehen und für alle Wege, die dir dadurch nicht ermöglicht worden sind. Und ich bitte um Verzeihung für all die Liebe, die dir nicht gegeben worden ist, und das fehlende Verständnis. Doch entschuldige, denn deine Eltern haben es nicht bewusst getan. Sie konnten nicht anders, denn auch sie wurden von Emotionen geleitet. Deine Eltern bitten um Verzeihung für ihre Taten. Sie bitten um Verzeihung und Gnade.

Nach der Dunkelheit strahlt Licht in deinen Energieball, die Energien deiner Elternteile ziehen sich wieder in ihren eigenen Anteil zurück und von dort in ihren Körper. Danke deinen Eltern, dass sie bereit waren, in den Austausch und die Kommunikation mit dir zu gehen. Danke ihnen dafür.

Und nun schau dir dein Inneres Kind an. Wie sieht es jetzt aus? Welches Alter hat es? Verbirgt es sich immer noch vor dir, oder steht es aufrecht? Schau es dir an: Tanzt es? Ist es leichter und fröhlicher? Ist es für dich ein Kind der Liebe? So soll es sein.

Und schau dir die Farbe des Energieballs an. Hat sie sich verändert und schwingt in einem andern Klang und Farbton? Das ist ein glückliches Inneres Kind, so, wie es in Zukunft in dir wirken darf.

Die Energiekugel wird wieder von dir in dein Sakralchakra hineingezogen und strahlt von nun an in diesem Bereich. Du spürst, wie du wieder kraftvoll wirst, weil du energievoller und voller Frieden bist. Du bist in Frieden in diesem Bereich.

Während du in deinem Frieden bist, schicke ich meine AMADEII-Energie klärend und transformierend über deinen Kopf in deinen Körper. Spüre die Kühle und Klärung in dir. Nimm sie als Geschenk und Hilfe an. Lass es zu. Du bist es wert, geklärt und transformiert zu werden, damit deine Erlebnisse und schmerzhaften Erfahrungen sich verabschieden und aus deinem Körper heraustransformiert werden dürfen. Und noch einmal schicke ich meine AMADEII-Energie zur Klärung und Verabschiedung in deinen Körper. Und noch ein weiteres Mal, damit geklärt und gereinigt wird, was zur Klärung und Reinigung bereit war. Alles wird in Liebe verabschiedet. So soll es sein.

Nun bitte ich euch, atmet tief ein und aus. Atmet euch zu eurer Seele und von dort hinaus aus eurem Körper. Atmet ein und aus, damit ihr wieder ganz im Hier und Jetzt seid. Bewegt eure Arme, eure Beine und euren Körper. Fühlt euch voller Leichtigkeit im Licht.

Bevor ich mich jetzt für kurze Zeit verabschiede, möchte ich euch bitten, euch der Geschehnisse bewusst zu sein und zu bleiben, damit ihr euch in Zukunft immer wieder an die Transformation mit den Energien eines Elternteils erinnern könnt. Atmet noch einmal tief ein und aus und seid wieder ganz bewusst im Hier und Jetzt.

Habt Dank.
Amadeii

☆

2.2 Der freie Wille und das Erkennen eurer Taten

Es ist nun angesagt, ihr lieben Menschenkinder, zu erkennen, wie ihr in diesem Leben in eurer Entwicklung vorangeschritten und von eurer Umgebung geprägt worden seid. Ihr seid kein einzelnes Wesen, sondern eine Gesamtheit aus Erziehung, Vererbung und Erfahrung, die euch bis heute geprägt hat und weiter prägen wird. Alle diese Teile, die euch ausmachen, sind mit verantwortlich für das, was ihr jetzt seid. Und nicht alle Dinge, die ihr gelernt und erfahren habt, sind für euch in der Fülle und im Mut. Viele Verletzungen und Erfahrungen der nicht so freundlichen Art haben euch geprägt, verändert und oft auch von eurem Weg abgebracht.

Doch das größte Thema, das ihr in diesem Leben immer wieder erfahren und leben durftet, ist das des freien Willens, das höchste Gut auf eurer Erde. Ihr habt in allem, was ihr getan habt, immer die Wahl gehabt. Egal, wie die Wahl für euch ausgesehen hat, letztendlich hat euer Wille den Weg bestimmt. Ihr seid eures Glückes Schmied. Das ist ein Sprichwort, das bei euch auf der Erde formuliert wurde und deutlich zum Ausdruck bringt, dass ihr allein für eure Taten verantwortlich seid. Ihr allein seid eure Taten, und ihr allein habt Rechenschaft für sie abzulegen. Nicht vor dem Einen, wie es eure Kirche euch immer wieder predigt, nein, nur vor euch, denn ihr seid nur vor euch verantwortlich. Und an euren Taten werdet ihr nicht nur später, sondern auch in eurer Umgebung und in eurem Freundeskreis gemessen.

Ihr seid eure Taten, eure Taten sprechen das aus, was ihr seid. Und die Taten anderer zeugen davon, wie diese sind. Das ist ein Aspekt, den ich euch bitte, deutlich zu erkennen und euch anzusehen. Jeder ist so, wie er geprägt ist und wurde und wie er sein möchte. Deshalb sind Entschuldigungen in diesem Bereich kein Thema.

Seht euch eure Taten und euren Weg an. Erkennt eure Taten und euren Weg und steht dazu. Schaut genau hin und überlegt, ob eure Taten und euer Weg in der Wahrheit und in der Liebe sind. Sollte dem nicht so sein, fragt, wie ihr eine Veränderung einleiten könnt. Sucht die Veränderung hin zu eurer liebevollen Wesenseinheit. Findet die Veränderung, die euch in die Liebe bringt, denn ihr seid für euch selbst verantwortlich. Und seht euch auch die Taten eurer Umgebung an, von eurer Familie, euren Freunden, euren Arbeitskollegen und Kolleginnen, eurer Nachbarschaft. Wo immer ihr in Kontakt seid, schaut euch eure Bekannten und all die Menschen an, mit denen ihr in Kontakt wart und seid. Erkennt auch die Schnittstellen, die euch Gemeinsamkeit, und die Konfrontationen, die euch in Zwietracht bringen. Stellt euch den Verletzungen, die bei euch manche Kerbe geschlagen haben.

Dazu möchte ich euch nun bitten, mit mir eine Meditation durchzuführen, die euch in eine Begebenheit führt, die euch sehr verletzt hat.

Wenn ihr euch hinlegen möchtet, dann tut es, ich warte. Es ist wichtig, dass ihr euch wohlfühlt in der Situation, der ihr euch nun stellt.

2.2.1 Meditation: Begegnung mit einer persönlichen Fremdverletzung

Atme Licht in deinen Körper ein und Belastung hinaus. Atme Licht ein und aus, Licht ein und aus. Vor deinem geistigen Auge öffnet sich ein Raum, hell erleuchtet, groß, lichtvoll, und ich fordere dich auf, in diesen Raum zu gehen. Der Raum öffnet sich zu einer Treppe, die du bitte nach unten gehst. Geh Stufe für Stufe, tiefer und tiefer, bis du in die nächste Etage gelangst, in der du einen Raum mit vielen Türen siehst. Schau dir den Raum und die Türen an, und dann entscheide, zu welcher Tür du gehen möchtest.

*Es ist dir erlaubt, in Begleitung deines Schutzengels, der be-
schützend an deiner Seite ist, diese Tür zu öffnen und den Raum
dahinter zu betreten. In dem Raum befindet sich am Ende ein
Stuhl, auf dem eine Person sitzt, die dich in diesem Leben sehr
verletzt hat. Tritt ganz in den Raum ein und gehe zu dieser Person. Stelle dich dieser Person. Sieh sie an. Sie sitzt vor dir, und
du brauchst keine Angst zu haben. Dein Schutzengel beschützt
dich.*

*Wie sieht sie aus? Welche Aura umgibt sie? Wie ist dei-
ne Emotion in dem Moment, in dem du sie ansiehst? Hast du
Angst? Wut? Bis du aggressiv?*

*Strecke ihr die Hände entgegen und bitte sie, aufzustehen.
Dann erzähle ihr alles, was sie bei dir verletzt und was dir weh-
getan hat.*

*Stelle dich diesen Gefühlen. Fühle sie noch einmal in dir. Du
wurdest verletzt von der Person, die vor dir steht. Du wurdest
verletzt. Und nun bitte die Person, dir zu sagen, warum sie dich
verletzt hat. Warum hat sie dich erniedrigt, dich denunziert oder
mit aggressiven Angriffen verletzt? Höre ihre Worte. Kannst du
nachvollziehen, warum sie dich verletzt hat? Kannst du sehen,
warum das geschehen ist?*

*Bist du bereit, diese Verletzungen aufzulösen? Dann schicke
ich meine AMADEII-Energie zur Transformation des Geschehens
über und zwischen euch beide. Und ich möchte euch bitten,
euch die Hände zu reichen, beide Hände, wenn es euch möglich
ist, und zu versuchen, Klarheit und Frieden in eure Beziehung
zu bringen. Versuche zu verabschieden und zu verzeihen. Lass
Frieden in eure Beziehung fließen – für dich, für deinen Frieden,
nicht für den anderen, sondern nur für dich.*

*Während du dieses erleben darfst, schau dir dein Gegen-
über noch einmal genau an. Gib ihm zum Abschied die Hand
und verabschiede dich in dem Bewusstsein, dass, wenn ihr euch
noch einmal begegnet, ihr euch zumindest höflich grüßen und
respektieren könnt. Das wäre schon ein Schritt hin zur Liebe.
Sollte es dir möglich sein, ein Lächeln zustande zu bringen, wäre*

ein zweiter Schritt getan. Und solltest du sogar in der Lage sein, dein Gegenüber liebevoll zu umarmen, wäre das eine vollkommene Heilung der Situation.

Ich möchte dich bitten, dich mit einem Winken zu verabschieden und aus dem Raum herauszugehen. Schließe die Tür und wende dich wieder der Treppe zu. Gehe die Stufen nach oben und komme wieder zurück in den Eingangsbereich.

Während du in der Halle stehst, der Halle der Wahrheit, wende deine Aufmerksamkeit zur Mitte dieses Raums. Dort erkennst du einen Lichtstrahl. Gehe dorthin und hebe deine Hand in diesen Lichtstrahl. Wenn es für dich in Ordnung ist, gehe ganz in diesen Lichtstrahl hinein und spüre die Stärke und die Kraft, die von ihm in deinen Körper fließen. Dieser Lichtstrahl reinigt für dich die Verletzungen, die andere für dich getan haben. Sie reinigt ebenso die Verletzungen, die dir andere angetan haben und die du anderen angetan hast.

Dann gehe wieder aus dem Lichtstrahl heraus. Vor dir siehst du eine kleine Bank, und auf dieser Bank ist ein Geschenk für dich. Wende dich der Bank zu und nimm dein Geschenk an. Öffne es und schau es dir an. Es beinhaltet ein Symbol, das in der Zukunft bei Verletzungen für dich wirken darf. Dieses Symbol heilt deine Verletzungen, und du darfst es in deinem Herzen aufbewahren, damit du deine Verletzungen verabschieden kannst.

Nun zieht euch aus der geführten Meditation kurz heraus. Ich bitte euch, aufzustehen, sodass sich jeder Teilnehmer ein Meditationskissen für den nächsten Übungsschritt holen kann. Dann setzt euch vorne in einen Kreis zusammen und legt das Meditationskissen vor euch.

Ich warte so lange.

2.2.2 Übung: Im Zentrum eurer Emotionen

Atme wieder in deinen Körper und begib dich in dein inneres Bewusstsein. Nun atmest du dich von diesem Raum aus zum Zentrum deiner Emotionen. Es ist der Bereich oberhalb deines Bauchnabels. Du fühlst das Licht in diesem Bereich, und ich bitte dich: Hole Erinnerungen und Emotionen in deine Gedanken, die dich in der Vergangenheit verletzt haben. Stelle dir eine Person vor, die dich verletzt hat. Spüre diese Verletzung, gehe ganz in dieses Gefühl hinein. Werde wütend und ärgerlich und schlage diese Wut und diesen Ärger in das Meditationskissen vor dir.

Gehe in deine Emotion. Stelle dich der Situation, schlage in das Kissen und gib so den Ärger aus deinem Körper heraus in das Kissen. Spüre deine Wut, deinen Körper und deine Verletzung. Sieh die Personen, die dich verletzt haben. Sieh sie an und gib die Verletzung in das Meditationskissen. Schlage kräftig darauf, gib ab, gib ab, weiter und weiter. Gib alle deine Verletzungen in das Kissen, das bereit ist, diese anzunehmen. Gib so viele Verletzungen ab, wie du jetzt kannst. Keine Verletzung sollte bei dir bleiben. Du hast jetzt die Möglichkeit, deine Verletzungen loszulassen. Gib ab. Du hast das Recht, deine Verletzungen loszulassen. Gib ab. Du darfst alles abgeben. Gib ab. Alles aus deinemSolarplexus heraus, ja, frech und kräftig. Mache dich frei von deinen Emotionen der Verletzung. Mache dich frei. Ja, spüre, wie gut es dir tut. Gib alles ab.

Nun lass Liebe in deinen Solarplexus fließen, und wir bitten Mutter Maria, die Mutter der Liebe und der Heilung, in dein Herzzentrum hineinzufließen. Sieh den Lichtstrahl von Mutter Maria und spüre, wie er in dein Herzzentrum fließt und Frieden und Heilung zu dir schickt. Friede und Heilung nur für dich, Friede und Heilung für dich, nur für dich, Friede und Heilung.

Spüre die Ruhe, die sich nun in dir ausbreitet. Spüre, dass du loslassen durftest, was du bereit warst, zu verabschieden. Spüre es und atme tief ein und aus, tief ein und aus. Während du in deinem Frieden bist, schicke ich nochmals meine transformie-

renden AMADEII-Energien über deinen Kopf in deinen Körper hinein, um zu klären, zu reinigen und zu transformieren. Und noch einmal schicke ich meine Energien über deinen Körper, um zu verabschieden und zu transformieren, was bereit ist, verabschiedet und transformiert zu werden.

Ich bitte euch, diese Erfahrungen in eurem Bewusstsein festzuhalten, damit sie euch für immer erhalten bleiben. Es ist wertvoll und wichtig, was ihr gerade erfahren habt und was sich geklärt und transformiert hat. Ihr seid einen wichtigen Schritt gegangen auf dem Weg hin zur Verzeihung.

So soll es sein.
Amadeii

3. Ahnenthemen erkennen und auflösen

3.1 Frieden ist der Lohn eurer Taten in Veränderung

Ich, Amadeii, Energie der Neuen Zeit, erkenne, wie sich langsam Frieden in eurem Herzen ausbreitet. Frieden ist der Lohn für eure Taten in Veränderung. Frieden ist das Ziel des Weges, und Frieden heißt, im Licht zu wirken und zu sein. Und so erkennt bitte, dass im Vordergrund der Frieden für euch anzustreben ist, um so in Harmonie und in Stimmigkeit euer Leben und euren Weg gehen zu können. Frieden, Ruhe, Harmonie – danach sehnt sich jedes Lebewesen. Auch in der Tierwelt ist Frieden gewollt. Und Harmonie findet ihr auch in der Natur. Alles ist aufeinander abgestimmt, und alles lebt miteinander, gleichzeitig oder in Abfolge, so, wie es geplant ist. Und so ist es das Ziel auf Erden, dass ihr in Harmonie mit euch und eurer Umgebung leben könnt.

Ihr seid wichtig, ihr seid im Vordergrund, ihr seid Thema. Doch das Große Ganze ist Aufgabe für euch und eure Erde, gleichzeitig ausstrahlend bis in euer Universum. Ihr habt euren Weg gewählt, und zwar nicht nur für euch, sondern für das Große Ganze, für das ihr hier auf Erden steht. Ihr habt euren Weg gewählt und Themen von euren Ahnen mit in dieses Leben gebracht. Ihr habt Aufgaben eurer Ahnen, die noch nicht gelöst wurden, bei eurer Inkarnation mit in euer körperliches Dasein gebracht, um in diesem Leben die Auflösung für euch und somit für eure Ahnen durchzuführen.

Seit Anbeginn eurer Welt wurde Karma aufgebaut, von Leben zu Leben, mal mehr, mal weniger, und jede Generation steht für eine bestimmte Energie, die sich von Inkarnation zu Inkarnation innerhalb einer bestimmten Generationsenergie immer weiter vererbt. Es ist in euren Genen energetisch verankert, was ihr von euren Ahnen mitbringt, so lange, bis ihr das Thema aufgelöst habt oder die nächste Generation es auflösen darf. Wer immer das Thema einer Generation aufgelöst hat, wird dadurch gleichzeitig die Erlösung all seiner Ahnen zur Bestimmung bringen. Ihr seid dann Erlöser für eure Ahnen, und alle eure Ahnen schauen und hoffen auf euch, damit ihr der Erlöser sein werdet. Und ihr seid in der Lage, Erlöser zu sein.

Und so möchte ich euch bitten: Schaut euch eure Themen an, die ihr in diesem Leben lebt. Erkennt eure Themen, die als Grundüberschrift:

⇨ Opferhaltung,
⇨ Schuld,
⇨ Denken, nicht anerkannt zu werden,
⇨ verschiedene Frauenthemen,
⇨ denken, nicht zu funktionieren,
⇨ sich kleinzureden,
⇨ mangelndes Selbstbewusstsein,
⇨ kein Recht einer Daseinsberechtigung

haben, um nur einige zu nennen, die momentan auf der Erde gelebt werden. Schaut euch diese Themen an und fragt euch, welches Thema das eure ist. Und wenn ihr euch dieses Thema bewusst angesehen habt, fragt euch, welches eure Mutter oder eure Großmutter hatte. Ihr werdet erkennen dass ihr das gleiche Thema habt. Entweder wird das Thema der Mutter oder der Großmutter weitervererbt, und das sind die Themen, die ihr in eurer Ahnenreihe findet. Die Mütterlichkeit vererbt die Ahnenthemen, die gewaltig sind und die ihr hier ausleben und verabschieden dürft. Erkennt euer Thema, erkennt eure Mutter und Großmutter und erkennt eure Ahnen, die euch mit der Ahnenenergie behaftet haben.

Wenn ihr das erkannt habt, könnt ihr euch bewusst diesem Thema stellen. Ihr habt euer Ahnenthema nicht hier erworben, sondern es ist ein Grundthema von Inkarnation an. Ein Thema, das ihr mitbekommen habt und das sich wie ein roter Faden durch euer Leben zieht. Aber in diesem Leben habt ihr die Möglichkeit, euer Thema aufzulösen, wenn ihr euch diesem Bereich stellt.

Erkennt eure wertvolle Aufgabe, die ihr dadurch auf Erden habt. Erkennt auch, dass eure Mutter dieses Thema bewusst bei euch manifestiert hat. In der Vereinigung von der Eizelle eurer Mutter und dem Samen eures Vaters wurden diese Anteile bei euch manifestiert. Ihr seid ein Bild eurer Eltern. Ihr seid eure Eltern. Und so ist es wichtig zu erkennen, dass ihr ein Anteil von ihnen seid, die Ahnenthemen für sie in Liebe auflösen dürft und somit auch für eure Eltern wirkt.

Eure Seele hat sich diesen Weg so ausgesucht, sie hat sich dieses bewusste Aufgabengebiet so gestellt, weil sie weiß, dass sie stark genug ist, um diese Aufgaben zu lösen und diesen Weg zu gehen. Alle eure Ahnen haben dieses Thema durchlebt und durchwirkt. Das Leid in euren Genen schreit nach Erlösung. Ihr seid die Erlöser. Erkennt in den Worten eurer Eltern das Thema eurer Ahnen. Erkennt in den Worten und Taten eurer Eltern, was sie an euch weitergegeben haben und was hier zu verändern ist. Erkennt auch die Werte, die durch eure Eltern bei euch gesetzt wurden. Erkennt Affirmationen, die sich bei euch manifestiert haben. Von euren Eltern in einer guten Absicht für euch, damit ihr in diesem Leben nicht auffallt. Erkennt ihre Worte, damit ihr in dieser Gesellschaft eine Einheit seid und nicht gegen den Strom schwimmt.

Erkennt die Affirmationen, die eure Eltern für euch gesetzt haben. Ich rufe sie euch in Erinnerung:

⇨ Das tut man nicht!

⇨ Das darf man nicht!

⇨ Was sollen die Nachbarn von dir denken!

⇨ Lass dich nicht bei diesen Gedanken erwischen!

⇨ Es kommt nicht gut, ein Rebell zu sein!

⇨ Sei nicht anders, als du in der Gesellschaft sein darfst!

⇨ Du darfst nicht so sein, wie du willst!

⇨ Du musst ein Abklatsch der anderen sein!

Durch diese Affirmationen, die sich von Kind an bei euch manifestiert haben, wurden eure eigenen Grundwerte und Grundrechte vernachlässigt, die mehr und mehr verkümmerten. Ihr seid nicht mehr als das wertvolle Individuum anzusehen, sondern ein Abklatsch eurer Umgebung geworden. Ihr seid nicht mehr das besondere, strahlende Licht, das jeder Einzelne in sich hat, sondern ein kollektives Gemeinsames, eingepresst in ein gesellschaftliches Denken, das nicht nur Licht und Weg als Aufgabe hat, sondern ein gefügiges gesellschaftliches Wesen gestalten will.

Darum rufe ich euch auf: Erkennt, was diese Affirmationen von Kind auf bewirkt haben. Lasst diese Affirmationen nicht mehr bei euch wirken. Kommt hin zum Individuum.

⇨ Jeder darf so sein, wie er ist und wie er sich wohlfühlt, so lange er einen anderen nicht beeinträchtigt.

⇨ Jeder darf so sein, wie er möchte, weil eure Seele den Weg so gewählt hat, dass ihr euch wohlfühlt.

⇨ Jeder darf so sein, wie es gut für ihn ist, weil eure Seele weiß, was gut für euch ist. Und nicht euer Außen, das euch seine Affirmationen aufdrückt.

Erkennt eure besondere Wertigkeit, erkennt euer Licht. Erkennt, wie wertvoll ihr im Einzelnen seid, ohne die anderen Energien um euch herum. Und erkennt, dass, wenn ihr den Weg zu euch gefunden habt, durch dieses Strahlen ein Licht werdet für andere und alle durch euch in die Veränderung hin zur Liebe kommen. Nicht die Gemeinschaft in der Funktion, sondern der Einzelne in der Liebe, das ist der wertvolle Weg der Zukunft.

So erkennt euren Wert, eure Verantwortung für euch. Ihr seid verantwortlich für euch – nur für euch und für sonst niemanden. Selbst die Verantwortung eurer Eltern hat nach eurer Kinderzeit aufgehört, weil ihr selbstständige Individuen seid. Ihr seid selbstständig im Denken und Handeln, und ihr solltet euch in eurem Denken und Handeln so entfalten, dass ihr euch weiterentwickeln könnt und nicht durch Affirmationen und andere Dinge in eurem Sein blockiert werdet.

Erkennt die Blockaden, die euch von außen gesetzt werden, um euch gefügig zu machen. Erkennt, was euch manipuliert. Lasst es nicht mehr zu, dass ihr von außen bewegt werdet, Dinge zu tun, die nicht gut für euch sind. Ihr seid der Maßstab für euer Wohl, ihr seid der Maßstab für euer Leben, und ihr seid der Maßstab für euren Frieden. Lasst Frieden in euch walten, dann werdet ihr euren Weg finden. So ist mein Aufruf an euch: Kommt in euren Frieden, kommt in eure Mitte, werdet Frieden und werdet Licht!

Während euch meine Worte in den Ohren hallen und ihr hier und da noch Zweifel habt an der Richtigkeit dieser Worte oder an dem Weg, diese Worte umzusetzen, damit ihr euren Frieden findet, möchte ich euch in einer Meditation in euren Frieden bringen, hin zu euch, zu eurer Anbindung, die euch führt, hin zu euch, nur für euch.

3.2 Meditation: Zum Planeten eurer Ahnen

Ich möchte euch bitten, bevor wir uns in die Meditation begeben, eine Position einzunehmen, die es euch ermöglicht, ganz in die Entspannung zu kommen.

Atme tief in deinen Körper ein und wieder aus, ein und aus, ein und aus und komme ganz in deine Ruhe und in deinen Frieden. Während du atmest, fliegt von oben eine rosafarbene Energiewolke in diesen Raum, setzt sich neben dich und umhüllt dich mit ihrem rosafarbenen Nebelwolke-Dasein.

Du fühlst dich umhüllt und beschützt durch diese Wolke. Und du setzt dich oben auf diese Wolke, sicher und unbeschwert. Die Wolke hat den Auftrag, dich zu deinen Ahnen zu bringen. Du fühlst dich wohl und beschützt. Nun erhebt sich die Wolke sanft und leise. Du bist sicher, ganz sicher und geborgen auf dieser rosafarbenen Wolke. Sie steigt höher und verlässt diesen Raum und dieses Haus. Immer höher steigt sie, bis hin zum Himmel.

Weit oben im Himmel passiert sie die Schutzschicht der Erde und steigt noch höher. In der Ferne siehst du die Erde wie eine blaue Kugel. Jetzt befindest du dich im Universum, um dich herum viele kleine, funkelnde Sterne. Und die Wolke steigt noch weiter mit dir. Du bist sicher und geborgen auf der Wolke. Sie steigt weiter und weiter, und das Universum gibt dir Schutz. Du spürst die Stille des Universums, Frieden und Stille sind um dich. Du fliegst weiter und siehst in der Ferne einen hellen Punkt, zu dem deine Wolke schwebt. Der Punkt kommt immer näher und wird größer und größer. Dann erkennst du, dass es ein Planet ist, auf den du zusteuerst, ein kleiner rosafarbener Planet. Deine Wolke fliegt zügig dorthin. Dann sinkst du immer mehr zu diesem Planeten herunter, bis du sicher auf ihm landest.

Du schaust dich um. Es ist ein großer heller Platz mit Menschen, die dich erwartungsvoll ansehen. Du steigst von deiner rosafarbenen Wolke, und eine Frau kommt freudig auf dich zu und begrüßt dich wie eine alte Bekannte. Nach und nach kommen andere Frauen zu dir und reichen dir die Hände, freuen sich und lachen, weil sie dich kennen. Es sind alles deine Ahnen, die dich hier begrüßen. Sie sind voller Freude, dich wiederzusehen. Sie strahlen Friede und Freude aus. Während du so herzlich begrüßt wirst, kommt ein großer Priester auf dich zu, begrüßt dich voller Würde und bittet dich, ihm zu folgen.

Deine Ahnen gehen freudig mit. Ihr geht auf einen Tempel zu und steigt Stufe für Stufe hinauf, bis ihr an das große Tor des Tempels kommt. Das Tor öffnet sich, und ihr schreitet hindurch. Ihr betretet einen großen Raum und werdet aufgefordert, weiter durch den Raum in den nächsten Raum hineinzugehen. In diesem Raum befindet sich ein großer kristalliner Tisch, und es ist dir erlaubt, auf diesen Tisch zu steigen und dich hinzulegen. Über dem Tisch befindet sich eine große kristalline Glaskuppel, ausgestattet mit vielen unterschiedlichen, farbigen Steinen, die ein Licht auf deinen Körper projizieren. Während du auf diesem Tisch liegst, finden Heilreaktionen in deinem Körper statt. Erst wird dein Geist in deinem Kopf geheilt. Alte Gedankenmuster werden gelöst und transformiert, und du spürst, wie in deinem Kopf eine Aktivität stattfindet, die auflöst, was dich auf der Erde blockiert.

Dann wandert das kristalline Licht dein Gesicht herunter in den Halsbereich. Und auch dort manifestieren sich die unterschiedlichen farbigen Strahlen und öffnen deine Kehle, damit es dir in Zukunft ermöglicht wird, zu artikulieren, was artikuliert werden muss. Die Strahlen helfen, deine Blockaden aufzulösen, damit du in Zukunft kommunizieren und das in Worte formen kannst, was dich verletzt hat und du nicht mehr möchtest.

Während im Halschakra deine Blockaden gelöst werden, wandert das Licht weiter in deinen Herzbereich und öffnet dein Herz für die Liebe und den Frieden. Es bringt Ruhe in deinen Herzbereich und heilt deine Seele von Verletzungen, die sie in diesem und in vielen anderen Leben erfahren hat. Spüre, wie das Licht in deinem Herzen arbeitet, wie der Druck sich in deinem Herzbereich verändert. Atme tief ein und aus und verabschiede alles, was sich in deinem Herzen als Blockade manifestiert hat. Das Licht löst sich von deinem Herzbereich, und die farbigen Strahlen vereinfachen das Verabschieden.

Nun wandert das farbige Licht weiter zu deinem Solarplexus und bereitet deine Emotionen auf die Verabschiedung vor. Lass deine Emotionen, die dich blockieren und emotional aufwühlen, sich in Liebe umwandeln. Lass die Lichter in diesem Bereich strahlen und wirken, damit er geheilt werden kann. Spüre die Strahlen, die für dich wirken.

Und weiter wandern die Energien zu deinem Sakralchakra, dem Sitz deines Inneren Kindes. Spüre die Energien, die Farb-

lichter, die in dem Bereich deines Inneren Kindes wirken und dir Heilung bringen. Lass heil werden, was dir an Verletzung zugefügt worden ist. Spüre die Strahlenfarben in diesem Bereich. Lass los.

Nun geh mit deiner Aufmerksamkeit zu deinem Wurzelchakra, das sich zwischen dem Anus und den Genitalien befindet, und lass dort das Licht auf dich wirken. Lass dir Wurzeln wachsen für deine Erdung und deine Kundalini-Linie sich öffnen, damit das Licht und die Energie von Mutter Erde in deinen Körper fließen können. Lass dein Wurzelchakra heil werden, damit dort Energie in euren Körper fließen kann. Spüre, wie die Lichtenergien dort wirken und lass Heilung geschehen.

Während die Energien in die Bereiche deines Körpers mit unterschiedlicher Stärke eingedrungen sind, bildet sich von oben ein Lichtstrahl, eine Transformation der Heilung und Klärung in Rosa und Lila, der sich wie eine Kuppel über deinen Körper legt. Spüre, wie dein Körper geheilt und transformiert wird. Spüre, wie die Energien Schicht für Schicht deine Aura und deinen Körper klären, heilen und transformieren. Du bist es wert. So soll es sein. Du bist Licht. Genieße noch einmal die Veränderung und Heilung deines Körpers.

Das Licht verabschiedet sich jetzt wieder nach oben. Du spürst, wie sich dein Körper verändert hat. Registriere, was sich in deinem Körper verändert hat und wie du dich jetzt fühlst.

Ich möchte dich nun bitten, aufzustehen und dem Priester in einen anderen Raum zu folgen. In diesem Raum liegt auf einem Tisch ein dickes aufgeschlagenes Buch, und du hast die Erlaubnis, zu diesem Buch zu gehen und in ihm zu lesen. Es ist das Buch deiner Akasha-Chronik, in dem alle Leben von dir festgehalten und alle Stationen im Guten und im weniger Guten niedergeschrieben wurden. Dieses Buch beinhaltet auch deine Ahnenthemen.

Gehe zu dem Buch, halte es in deinen Händen und lass die Informationen in deinen Geist fließen, damit dein Geist für dich bewusst diese Informationen erhält. Sieh deine Ahnenthemen, erkenne, wofür du auf Erden inkarniert bist. Lies auch die Lösung, wie du dein Leben wieder ins Licht führen kannst, denn alles ist dort verankert. Alles ist vorherbestimmt, alles ist in der Wahrheit, und alles geschieht so, wie es geschehen soll.

Wenn du genug in diesem Buch gelesen hast oder dein Geist genug Informationen in deinem unbewussten Dasein aufgenommen hat und dir dieses Wissen in Situationen deutlich machen oder in Träumen weitervermitteln kann, verabschiede dich von diesem Raum und gehe mit dem Priester zurück zu deinen Ahnen, die dich im großen Saal erwarten.

Deine Ahnen bejubeln dich. Und jeder hat ein Geschenk für dich. Eine Ahnin reicht dir einen Becher mit einer Heilmedizin. Nimm einen Schluck aus diesem Becher und lass deinen Geist heil werden. Die nächste Ahnin hat einen Becher mit Mut- und Geduldenergie. Nimm einen Schluck aus diesem Becher, damit du in Zukunft mutig dein Leben und geduldig deinen Weg gehen kannst. Die nächste Ahnin hat einen Becher mit einem Trank, der dir die Erinnerung an deine Aufgabe erleichtern wird. Nimm einen Schluck aus diesem Becher, damit du in Zukunft bewusster dein Leben und deinen Weg angehen kannst.

Die nächste Ahnin reicht dir eine Schale, in der du deine Hände waschen kannst. Es ist die Schale der Unschuld, damit du deine Hände in Unschuld waschen kannst und in Zukunft keine Schuld mehr auf dir lastet. Die nächste Ahnin reicht dir ein Tuch, und es ist dir erlaubt, dieses Tuch über deine Augen zu legen. Das Tuch ermöglicht dir das Vergessen aller Taten, die dich verletzt haben, und hilft dir, diese in Liebe zu verabschieden.

Die nächste Ahnin tritt zu dir und gibt dir ein goldenes Herz, das du in deine Seele einpflanzen darfst. Ein Herz mit all der Liebe deiner Ahnen, das von nun an in deinem Herzen schlagen darf und dir die Liebe schenkt, die du bis jetzt vermisst hast. Dieses Herz ist in Zukunft deine Mutter, die für dich sorgt, dich liebt und dir die Herzenswärme gibt, die du brauchst.

Gehe zu der nächsten Ahnin. Sie gibt dir ein Schwert, das goldene Schwert von Erzengel Michael, das dich in Zukunft vor Angriffen anderer beschützen möge. Platziere dieses Schwert hinter deiner Schulter in deinen Körper, damit es von nun an dort von dir sicher getragen wird und dich schützt.

Die nächste Ahnin hat eine Energieform, hell und strahlend, neben sich stehen und macht dich mit dieser bekannt. Sie stellt dir deinen Schutzengel vor, der dich in diesem Leben begleitet und beschützt. Erkenne deinen Schutzengel. Er hat sich dir nun offenbart und wird dich beschützen und begleiten. Deine Ahnin flüstert dir seinen Namen ins Ohr, den nur du hören darfst.

Nun umkreisen dich deine Ahninnen voller Freude. Sie berühren dich in Liebe und sagen dir, wie wertvoll du für sie alle bist, und sie danken dir, dass du bereit warst, hier in deine Generationenenergien zu kommen und sie noch einmal bewusst zu sehen.

Nun kommt der Priester zu dir und fordert dich auf, dich wieder zu der Wolke zu begeben, da der Abschied von den Ahnen naht. Du schreitest die Stufen wieder herunter, gehst zu deiner Wolke und setzt dich darauf. Du fühlst dich sicher und geborgen. Die Ahnen verabschieden sich freudig und voll des Bewusstseins, dass du nun gestärkt für die Zukunft deinen Weg gehen kannst. Die Wolke erhebt sich mit dir und entfernt sich von dem Planeten deiner Ahnen. Sie steigt höher und höher und ist wieder im Universum, in der Stille und im Frieden. Sterne begleiten euren Weg, und ihr fliegt immer weiter ins Universum in Richtung Erde. In der Ferne siehst du deinen Heimatplaneten näherkommen. Ihr steigt tiefer und tiefer. Die Wolke umschließt dich sicher, durchdringt den Erdenergiegürtel und steigt tiefer bis in dieses Haus. Gehe in das Haus hinein, immer tiefer, und komme wieder zurück in diesen Raum. Die Wolke setzt dich sanft und sicher wieder in diesem Raum ab.

Du steigst von der Wolke, die sich aus diesem Raum verabschiedet. Dein Schutzengel macht dir noch einmal bewusst, dass er dich begleitet und beschützt.

Meine AMADEII-Energie kommt noch einmal liebevoll und transformierend über deinen Körper und klärt und reinigt noch einmal für dich. Und noch einmal schicke ich meine AMADEII-Energie über dich, und du spürst Müdigkeit, weil du einen starken Arbeitsprozess hinter dir hast, und das ist gut so. Und noch einmal schicke ich meine AMADEII-Energien über dich und transformiere und reinige alles, was bereit ist für diese Klärung. Du bist nun bereit für deinen zukünftigen Weg.

Habt Dank, dass ich hier für euch so wirken durfte.

Ich möchte euch bitten, wieder ganz ins Hier und Jetzt zu kommen. Seid wieder ganz bei euch, bewegt eure Hände und Füße, seid wieder ganz bewusst in diesem Raum.

Seid bedankt.

Amadeii

VI. Heilmethoden der Zukunft

Die Heilmethoden der Neuen Zeit basieren auf einer anderen Zellaktivität, die ihren Ausgang in den erhöhten Energien der neu wirkenden Fünften Dimension hat. Diese Energien haben euer ganzes Dasein, eure Zellen, euren Körper und alle geistig-mentalen Funktionen in und um euch verändert und in ein anderes Wirken gebracht. Das hat zur Folge, dass ihr auch anders auf diese veränderten Anteile in euch bei Krankheit und Nichtfunktionieren eures Organismus einzuwirken habt, damit die Informationen komplett und gezielt ankommen und ihr den Kode als Schlüssel für eure Zellen und eure Aura einsetzen und wirken lassen könnt.

Die Heilmethoden der Dritten Dimension verabschieden sich bei euch in ihrer Wirkung, und auch eure derzeit noch oft angewandte Chemie der Heilmittel hat nicht mehr die Kraft und Wirkung, bis hin zu Null. Das wird gesehen und erkannt, aber von eurer derzeitigen Medizin und ihren Anwendern bewusst nicht wahrgenommen. Es ist eine Veränderung, die eine geistige Entwicklung in jedem Einzelnen von euch voraussetzt, um diese Neuorientierung zu sehen, anzunehmen und in der Verwendung und Anwendung umzusetzen.

Es wird noch ein langer Weg des Erkennens sein, doch hier werden wir euch schon einmal Hilfsmittel an die Hand geben, die für die Zukunft und die Behandlung Hilfsbedürftiger notwendig werden und auch eine Wirkung verzeichnen können, die bisher nicht erkannt wurde.

Nun erkennt und lasst die neuen Heilmethoden auf euch wirken. Geht ohne Angst und unbelastet an diese Heilweisen heran, ohne Scheu und mit Zuversicht, dass damit Heilung auf allen drei Ebenen erreicht werden kann. So wird es sein. Erkennt auch, dass die Heilmöglichkeiten und Hilfen sich in ihrer Stärke und Aktivität verändert haben.

Das wird euch bei den nachstehend vorgestellten Heilsteinen und Heilenergien deutlich gemacht, die sich in ihrer Wirkung verändert haben, da auch sie in den Neuen Energien anders strahlen und wirken dürfen.

1. Die Heilsteine der Fünften Dimension und ihre veränderten Energien

Der Heilstein Jaspis

Der Jaspis enthält eine Energieform, die für viele unterschiedliche Krankheitssymptome hilfreich eingesetzt werden kann. Je nach Farbe ist die Wirkung unterschiedlich. Je heller der Jaspis in der Farbe strahlt, desto mehr ist sein Heilbereich im geistigen Aspekt und Seelenaspekt zu finden. Dunkle Färbungen stehen für das Körperliche und das Organische.

Im körperlichen Bereich wirkt der Jaspis als Stein, der, als Heilwasser innerlich eingenommen, Harmonie auf den Magen- und Darmbereich sowie den kompletten Verdauungsapparat mit seinen Verdauungssäften und Enzymbildungen bewirkt. Er bringt Harmonie und Anregung in diese Bereiche und fördert eine Tätigkeit, die für den Verdauungsbereich notwendig ist. Als Stein außen aufgelegt wirkt er von außen direkt auf den Schmerz- und Krankheitsbereich, der der Heilung bedarf, wie Magen, Darm, Leber, Galle, Bauchspeicheldrüse.

Des Weiteren hilft der Jaspis bei der hormonellen Steuerung über das zentrale Nervensystem zu allen Organbereichen, die von dort aus mit den Botenstoffen versorgt werden und in Kontakt mit eurer Hypophyse arbeiten und stehen. Er regt die Tätigkeit an oder sorgt bei einer Überforderung oder Überproduktion dafür, dass die Hormonstoffe in ihrer Produktion verlangsamt oder kurzfristig eingestellt werden. Hier sind vor allem die Schilddrüse, die Nebenniere, die Keimdrüsen und die Bauchspeicheldrüse die Hauptbereiche, die diesen Steuerungsprozessen unterliegen.

Der weitere Schritt in der Harmonierung dieser hormonellen Steuerung betrifft eure Psyche, die einer Überforderung oder Übererregung ausgesetzt ist. Hier hilft der Jaspis, dass Harmonie und Ruhe in euren Körper gelangen kann und ihr wieder in eure innere Mitte kommt. Das ist wichtig bei familiärer und beruflicher Überforderung mit Symptomen wie Stress und Burn-out, die dadurch in Harmonie gebracht werden können. So wird für euch in Zukunft die Heilung über den Jaspis in den Vordergrund treten, wenn Harmonisierung und Ausgleich, egal, in welchem Bereich, für euch angesagt und notwendig werden.

Als Stein außen getragen bringt der Jaspis euch in eure Mitte und innere Ruhe und hilft, dass alles, was nicht gut für euch ist, von euch energetisch abgelenkt wird, sodass ihr vor allem davor geschützt seid, was euch von außen her schädigen kann. Das betrifft auch eure Nahrungsmittel. Eine Japsis-Scheibe verändert eure darauf deponierten Lebensmittel in kurzer Zeit, sodass euer Körper harmonische und energetische Lebensmittel zu sich nehmen kann. Das ist vor allem bei den genetisch veränderten Produkten ein wichtiger Schritt, um die Lebensmittel ohne Folgeschäden für euren Körper aufbereiten zu können.

Der Jaspis kann von euch als Heilwasser, zum Auflegen auf die krankhafte Stelle, als Schutzstein oder auch in Form eines energetischen Musters, das ihr mit mehreren Steinen um euch legt, für euren Körper, euren Geist und eure Seele wirken. Bei einem Musteraufbau, dem energetischen Dreieck mit Spitze nach oben, ist es euch möglich, durch die Anbindung an die Geistige Welt mit Hilfe des Jaspis die krankheitsverursachenden Auslöser aufzulösen und zu verabschieden.

Der Heilstein Saphir

Der Saphir ist ein Stein des Einen, stark und klärend in seiner Wirkung und doch energetisch und heilbringend, wo eine Heilung auf oberstem Niveau gewünscht ist. Der Saphir ist aufgrund seiner klärenden Kühle ein Stein, der Entzündungen aus dem Körper herausfließen lässt und sie bis in die größten Tiefen des Zellgewebes auflöst.

Der Saphir gebietet auch Eindringlingen der parasitären Ebenen Einhalt und vertreibt sie aus den Tiefen des Gewebes hinauf ans Licht, damit sie dort verabschiedet werden können.

Heilung, Klärung und Transformation sind die Hauptthemen des Saphirs, der in der Neuen Zeit neben dem Kristall eine tragende Rolle bei Klärung, Kühlung und Operation übernimmt. Auch die höchsten und arglistigsten Erkrankungen werden mit Hilfe des Saphirs Anregung erhalten, und die Möglichkeit der Transformation der Zellen und der Abheilung wird sehr hoch. Das betrifft vor allem die Bereiche der Zellzerstörung, wie ihr sie in eurer Krebssymptomatik schon oft gehört oder sogar selbst erlebt habt. Der Saphir ist in der Lage, Krebszellen in ihre Grenzen zu verweisen und sie wieder in ihren Urzustand der Gesundung umzuprogrammieren. Eine sehr wertvolle Tätigkeit, die die Zukunft der Krebsbehandlung verändern wird.

Weiterhin wird der Saphir aufgrund dieser Fähigkeiten in allen Bereichen des Zentralen Nervensystems einsetzbar sein, in dem aufgrund von Fehlprogrammierung und Zelluntergang oder Zellumwandlung ein fortschreitender Krankheitsprozess vorliegt, der bis heute bei euch nicht zu stoppen ist. MS, Alzheimer, Demenz und Parkinson, sogar Unterbrechungen von Nervenleitungen, die bei Wirbelbrüchen eine komplette Lähmung des Körpers bedeuten, werden in Zukunft mit Hilfe des Saphirs mit großen Heilungschancen belegt sein.

Geisteskrankheiten, die aufgrund von zerstörtem Zell- und Nervengewebe auftreten, können so durch gezielte Energiemuster mit den Saphiren wieder in ihren Funktionsursprung zurückgebracht werden.

Auch das Diagnostizieren und Finden solcher Erkrankungen wird mit Geräten, die mit Saphiren ausgestattet werden, zuverlässig demonstriert werden. Therapeuten, die mit einer Saphir-Einhandrute oder einem Saphir-Pendel arbeiten, werden gesicherte Diagnosen in diesen Bereichen erstellen können.

Geht in die Übung, um solche zerstörerischen Prozesse aufzufinden und zu verändern. Es lohnt sich. Nach dem Auffinden wird das Positionieren eines Saphirs an der erkrankten Stelle oder sogar verstärkt durch ein Pyramiden-Muster (Dreieck mit

Spitze nach oben) in diesem Bereich die erkrankten Zellen ansprechen und diese in die Veränderung und Heilung bringen.

Der Heilstein Chalcedon

Der Chalcedon ist der Stein der Information und des Austausches. Er wirkt verstärkt auf euren Bereich der Artikulation, des Wortes, der Kommunikation und der Bildung von Lauten. Auch Durchsagen aus der Geistigen Welt werden mit Hilfe der Energien, die durch den Chalcedon aktiviert werden, verstärkt als Laute gebildet und dann über eure Lippen als Information weitergegeben. So wirkt dieser Heilstein ebenfalls auf alle Stellen, die mit der Lautbildung in Zusammenhang stehen. Hierzu zählen der Kehlkopf, die Stimmbänder, die Lungen und Bronchien, euer gesamter Mundraum mit Mandeln, Zäpfchen, Zunge, Gaumen, Luftröhre sowie der Bereich eures Kleinhirns, der diese Bereiche durch Signale enerviert.

Lasst diesen Heilstein in seinen höchsten Energien für euch wirken, und der Wahrheitsgehalt, der über eure Lippen kommt, wird hundertprozent sein. Der Chalcedon ist somit auch der Stein der Wahrheit, der alles enthüllt, was nicht in der Ehrlichkeit und guten Willens ist. Er macht deutlich, welchen Aussagen ihr vertrauen könnt und welche ihr hinterfragen dürft. Wann immer ihr im Zweifel seid über den Wahrheitsgehalt einer Aussage, verhilft euch bei einer Abfrage der Chalcedon, eine Aussage in Wahr und Unwahr einteilen zu können. Er ist somit auch ein Entscheidungsstein, mit dem ihr zum Wohl für euch und andere Informationen mit einem hundertprozentigen Wahrheitsgehalt bekommt, egal, welchen Bereich ihr abfragen möchtet.

Des Weiteren geleitet euch der Chalcedon bei einer Meditation in den Raum der Energie und Wahrheit, in dem euer Lebensweg und eure Lebensaufgabe festgeschrieben sind. Lasst euch bei solch einer Meditation von dem Chalcedon führen, und ihr erhaltet tiefen Einblick in euer irdisches Wirken.

Als Heilwasser wirkt der Chalcedon bei allen Krankheiten, die sich bei euch im Atembereich manifestiert haben. Als Heilstein könnt ihr den Chalcedon bei Entzündungen und Schwellungen auf diese Bereiche legen (energetisches Dreieck mit Spitze nach oben). In Form eines Energiemusters (der energetische Kreis) wirkt der Chalcedon auch in der Meditation. Er führt auf eine höhere Wahrheitsebene, die euch euer Wirken bewusster und deutlicher macht.

Der Heilstein Smaragd

Der Smaragd ist die Göttin unter den Steinen. Er hat die Kraft, Heilungen zu vollziehen, die oft als unerreichbar erscheinen. Schwingungen und Heilungen auf allen Ebenen eures Daseins sind so durchzuführen und dienen euch in Liebe an den Einen. Der Smaragd ist der Stein, der auf körperlicher Ebene eure Zellen wieder in eine harmonische Schwingung bringen kann. Er klärt und verändert in Liebe, was euch an Krankheit und Schwellung belastet und anhaftet.

Der Smaragd klärt und heilt auch eure Seele, indem sie durch ihn wieder in ihre Kraft kommt und heilen kann, was ihr durch Verletzungen zugefügt wurde. Des Weiteren hat der Smaragd eine klärende Wirkung auf euren Geist. Er lässt die Nebel durchdringen und klärt für euch, was zu klären ist. Er wirkt über euer Drittes Auge am Erkennen und Durchleuchten von Wahrheiten, die für euch sonst nicht zu erkennen und zu erfassen sind. Der Smaragd heilt somit auf allen Ebenen eures Seins.

Dem Träger eines Smaragds werden klare Gedanken und ein heilendes Miteinander durch das Erkennen eurer Seelen ermöglicht. Der Smaragd bindet euch somit wieder an eure Vergangenheit und hilft euch, diese Zeiten zu bereinigen und zu verabschieden. Für die Neue Zeit ist der Smaragd ein wertvoller Helfer, wenn ihr in Kontakt zu euren Ahnen treten und euer Generationsthema auflösen möchtet. Er zeigt euch deutlich Stationen in vielen Inkarnationen auf, die euch und eure Ahnen geprägt haben.

Das Heilwasser ist zum Klären und Reinigen für euren Herz- und Seelenbereich. Zum Harmonisieren und Stärken eurer Seele ist das Auflegen des Smaragds ein wertvoller Begleiter. Für die Reise zu euren Ahnen sind Energiemuster, je nach Absicht und Stärke, empfehlenswert, um euch so zu euren Themen zu führen. Doch achtet bitte darauf, dass ihr das in Begleitung und mit Führung tut, damit ihr ohne die Vergangenheit im Gepäck wieder in euer derzeitiges Leben zurückgeführt werden könnt. Sehen, erkennen, annehmen und verabschieden ist hier wichtig und nicht das Heranziehen der Vergangenheitsenergien in dieses Leben. Geht bitte sehr verantwortungsvoll mit diesem Stein und seiner Kraft um.

Der Heilstein Sardonyx

Der Sardonyx ist der Stein des Gewissens und der Prüfung. Mit seiner Hilfe geht die Entwicklung eines Lebewesens in die Phase der Umsetzung und des Wachstums. Der Stein wirkt auf alle Teile im Körper, die mit Wachstum in Verbindung stehen, von der Zeugung bis zur Verabschiedung der Seele aus dem körperlichen Sein. Alle Zellen in dem lebenden Körper reagieren bei diesem Stein mit Entfaltung, Weiterentwicklung und Zellteilung. Vermehrung ist ein wertvoller Teil, der hierdurch gefördert wird. Alle Informationen werden an ihrem Ursprung hinterfragt, und wenn sie als in Ordnung befunden werden, darf ein Teilen und Wachsen entstehen.

Der Sardonyx ist somit bei allen weiblichen Wesen, die empfangen wollen, der Stein der Entscheidung, der Prüfung und Entwicklung, um das zu empfangende Wesen mit reinem Gewissen begrüßen und unterstützen zu dürfen.

Bei allen Wachstumsschwierigkeiten ist der Sardonyx als eine der ersten Möglichkeiten anzusehen, diese Schwierigkeiten wieder in Harmonie zu bringen. Auch die geistige Entwicklung wird durch den Sardonyx mit gesteuert. Er wirkt auf euer Zentrum von Hypophyse und Hypothalamus sowie auf eure Zirbeldrüse. Das zeigt euch schon deutlich, dass die Anbindung an die Geistige Welt die Entscheidung mit steuert und eure Prüfungen Aufgaben der Geistigen Welt und eurer Ahnenenergien mit beinhaltet.

Geht bei Fragen an eure Ahnen bitte mit Hilfe des Sardonyx an eure Themen heran, damit ihr reinen Herzens und reinen Gewissens bereit seid, euch den Prüfungen für eure Entwicklung zu stellen. Eure Seele ist mit diesem Stein voll in Harmonie und benötigt keine zusätzliche Unterstützung durch ihn. Allein euer Körper und euer Geist werden in der Entwicklung und Prüfung durch den Sardonyx beeinflusst, verändert und harmonisiert.

Legt den Stein auf die Stelle der Bedürftigkeit oder trinkt ein Heilwasser, bestehend aus den Energien des Sardonyx. Bei geistiger Entwicklung oder Empfängnisvorbereitung legt das Muster des Dreiecks mit Spitze nach unten in die Region des Bedarfs, wie Gebärmutterbereich oder Kopfbereich, und lasst die Heilsteine in diesem Muster wirken.

Der Heilstein Sarder

Der Heilstein Sarder ist der König in dem Bereich der Abheilung geistiger Verirrungen. Er hat seinen Wirkungsbereich in der Harmonisierung und der Erneuerung von Energieströmungen, die von der Informationsübermittlung bis hin zur hormonellen Steuerung eures derzeit noch funktionierenden Organsystems von dieser Zentralstelle aus geleitet wird, die ebenfalls ihre Botenstoffe benötigt.

Für Heilungen von der Bildung während der Zellteilung im mütterlichen Körper bis zur Steuerung außerhalb des mütterlichen Seins in der Anbindung an die eigene Informationsquelle des Wirkens ist dieser Heilstein für euch Entwicklung und Förderung auf höchster Ebene. Er wird oft bei Schädigungen, die während eurer frühkindlichen Betreuung und Vorsorge, sprich: – euren Schutzimpfungen mit oft so schädlichen Zusatzstoffen, die eure Gehirnzellen schädigen können –, eingesetzt werden, um die geschädigten Hirnzellen wieder in ihre zugedachte Funktion zu bringen und bei einem Impfschaden die Substanzen, die einen hohen Vergiftungsgrad haben und somit schädigend auf eure Hirnzellen wirken, über eure Leber, Nieren und Darm ausscheiden zu können. Der Vorgang wird mit dem Sarder in einem Muster der Heiligkeit ermöglicht.

Dieses Muster wird in einem 5-fach Kraftfeld um den geschädigten Kopf herum gelegt (basierend aus den Außenpunkten des Amadeii-Emblems) und über einen Führungskristall aktiviert, um so die Hirngängigkeit zu aktivieren und die Schadstoffe aus eurem Gehirn ausleiten zu können.

Nach der Ausleitung ist unbedingt eine Ruhepause von ein bis zwei Wochen einzuhalten. Danach dürfen dann mit Hilfe des energetischen Dreiecks (mit Spitze nach oben) die Gehirnzellen wieder in ihren Schwung und in ihre Kraft gebracht werden.

Übererregung und die sogenannte Hyperaktivität können ebenfalls mit Hilfe des energetischen Dreiecks, dieses Mal aber in umgekehrter Reihenfolge, also mit der Spitze nach unten, in die Harmonisierung und in den Ausgleich gebracht werden.

Bei hormoneller Fehlsteuerung eurer Hypophyse oder eurer Epiphyse werden von außen jeweils in gleicher Höhe rechts und links von euren Ohren und mittig auf eure Nasenwurzel ein Sarder aufgelegt und wirken gelassen. Dieses bitte mehrere Tage hintereinander für jeweils fünf Minuten, um so eure hormonellen Fehlsteuerungen wieder in Gleichklang zu bringen.

Auch Krebsgeschehen in euren Gehirnbereichen könnt ihr mit dem Sarder wieder in die alte Schwingungsfrequenz und somit in den Fluss der Gesundung bringen. Eine Erinnerung an die alten Schwingungen ermöglicht einen veränderten Energiefluss und einen Abheilungswillen eurer Zellen.

Der Sarder ist auch ein Stein der Denker. Alle Lebewesen, die eine Überforderung durch ihren Prozess des Denkens empfinden, können sich mit Hilfe des Sarders wieder in die gedankliche Ruhe bringen. Kreisende Gedanken und permanente Worte im Kopf können so in die Schranken gewiesen werden.

Der Heilstein Chrysolith oder Peridot

Der Chrysolith, auch Peridot genannt, hat eine wertvolle Aufgabe bei der Entfaltung von Liebe zu dir und allen Wesen deiner Zeit. Er bringt in Harmonie, was durch Emotionen in Wallung geraten ist, und verändert die Wertigkeit des Miteinanders aller Wesenheiten. Ein Annehmen von Mensch und Tier, ein Miteinander in Liebe, ein Akzeptieren und Tolerieren aller liebenswürdigen Tugenden und Untugenden (wie ihr es nennt). Durch diese Harmonisierung ohne Wertung wird Leichtigkeit in euer Leben fließen, sodass ihr von einer großen Last in eurem Erkennen und Umsetzen befreit werdet, wodurch euch ein friedvolles und liebenswürdiges Leben ermöglicht wird.

Nachdem es euch gelingt, mit euren Mitmenschen, eurer Natur und euren Tieren in Harmonie zu sein, ist der nächste Aspekt, der durch den Chrysolith aufgedeckt und entwickelt wird, die Liebe zu euch selbst. Ein Anerkennen und Annehmen so, wie ihr seid, wird sich für euch entwickeln können und euch in euren inneren Frieden und in eure innere Liebe bringen. Wenn ihr mit euch eins seid und voll in dem Glück der Liebe zu euch leben und schwingen könnt, strahlt ihr das zu allen Lebensformen in eurer Umgebung aus. Umgekehrt werdet ihr so ein wertvoll strahlendes Wesen für alle, die um euch sind.

Der Chrysolith bringt euch so den inneren Frieden und die innere Liebe. Er führt euch in den Kontakt zu eurer Seele, die für euch und eure Umgebung Liebe pur ist.

So ist es für euch gegeben, dass ihr den Chrysolith als Anhänger in Höhe eures Herzzentrums tragen dürft und diese Energien so viele Stunden wirken lasst, bis die Liebe und die Anerkennung für euch erblühen und ihr in Liebe zu allem seid.

Ebenfalls könnt ihr den Chrysolith in einem abwärtswirkenden Muster für das energetische Dreieck der Liebe verwenden, um euch so zu stärken und ganz in die Liebe zu bringen.

Eigenliebe, Inneres Kind, Liebe zu Allem-was-ist bedeutet rechter Busen, Sakralchakra und linker Busen. Das sind die Lagepunkte, und das Energiemuster, im Uhrzeigersinn wirkend, aktiviert dieses energetische Liebesdreieck für euch.

Den Chrysolith könnt ihr ebenfalls als Energiestein für den Bereich eurer Seele und zur Heilung eures Herzens als Platz für eure Seele verwenden. Er heilt und bringt Gleichfluss in euer Herzzentrum und in den Zyklus eures Blutkreislaufs.

Ebenso harmonisiert er eure Gedanken und Taten, die in Konfrontation mit anderen stehen. Er bringt Ruhe und Gelassenheit in euer Denken. Vor allem bei Vergebungs-Übungen ist er ein sehr wichtiger Energiestein, um Altlasten in Liebe anzuschauen, aufzudecken und zu verabschieden.

Ab der Siebten Dimension wird dieser Stein für die Erhöhung des Geistes und die Neuprogrammierung von Aufgaben in euren Gehirnzellen benutzt werden. Doch das Wissen und die Anwendung dieser Prozedur ist alleine Priestern in den höheren Dimensionen erlaubt.

Der Heilstein Beryll

Der Heilstein Beryll hat in der Zukunft seine verstärkte Wirkung in der Entwicklung eures alten Wissens und Seins. Er hilft euch, eure alten Geschehnisse und euer Karma in die Deutlichkeit zu bringen, aufzudecken und zu verarbeiten, bis hin zur Verabschiedung, die die Last aus eurem Geist in eine umgewandelte Energie der Liebe bringt.

Das ist die Hauptaufgabe des Berylls in der Neuen Zeit und auch für die anderen Energien, mit denen er im Einklang wirken darf. Der Beryll wird bei allem anzuwenden sein, was mit der Vergangenheit und euren Ahnen zu tun hat. Mit alten Seelen-verletzungen, Geschehnissen und Ereignissen, die mit diesen Verletzungen in Zusammenhang stehen. Mit Menschen, die euch deutlich zugeführt werden, da sie euch in anderen Leben sehr verletzt haben, bis hin zur Vernichtung. Diese Aufgabe dient alleine dazu, Liebe in Geschehnissen verweilen zu lassen, die euch noch belasten, obwohl ihr sie hier nicht leben möch-tet. So ist das Offenlegen solcher Altlasten eine bewusste Proze-dur, die ihr mit dem Beryll aktivieren und verabschieden könnt.

Nehmt hierfür die Hilfe einer tiefen geführten Meditation an, die euch in die Situation hineinführt. Schaut euch eure Alt-last in Liebe an und verwandelt sie in Verzeihung und Demut. Mit Hilfe des Berylls wird euch auch der Grund dieser Situation deutlich gemacht, denn alles hat seinen Grund, und oft wart ihr oder das körperliche Dasein eures Seelenhauses Mitverur-sacher. Schaut euch die Situation an und lenkt mit Hilfe des Be-rylls die Energien, die euch verletzt haben und eure Seele noch belasten, aus eurer Seele, aus eurem Geist und letztendlich aus eurem körperlichen Sein und leitet es über eure Aura hinaus in die Energie der Transformation, die eine liebevolle Auflösung der Energie für euch veranlasst. Lasst euch führen und leiten, so, wie es gut für euch ist.

Während einer Meditation ist es ratsam, den Beryll in einem Energiemuster der Heiligkeit als Schutz für euch und al-ter Ereignisse zu legen und wirken zu lassen. Geht dann tief in das Geschehen hinein, bis ihr deutlich erkennt, was euch ver-letzt hat, und lasst es in Liebe los. Über den Führungskristall wird die Energie dann nach oben oder nach unten ausgeleitet, je nachdem, wie ihr gelagert seid. Dann seid ihr frei.

Sollten euch Geschehnissen nicht deutlich sein, legt den Beryll auf euer Drittes Auge und lasst ihn dort so lange wirken, bis euch die Situation der Verletzung deutlich aufgezeigt wird. Dann erst geht in die Meditation.

Ebenso habt ihr die Möglichkeit, in Kontakt mit eurem Inneren Kind zu treten und aktiv ein Geschehen mit euren Eltern zu klären und zu verabschieden. Versucht es, es lohnt sich. Direktes Auflegen oder ein energetisches Dreieck mit Spitze nach unten ist hier das Muster, das angewendet werden möchte.

Den Beryll könnt ihr ebenfalls anwenden bei einem direkten Konflikt im Hier und Jetzt, indem ihr und eure Konfliktperson euch gegenübersetzt, und zwar jeder in einen Teil des geschützten Musters der Heiligkeit. Vor sich legt jeder einen Beryll, und dann könnt ihr die Steine für euch wirken lassen. Ihr werdet Situationen vor euren Augen sehen können, in denen euch deutlich gemacht wird, wie ihr verletzt habt beziehungsweise verletzt wurdet. Denn ihr seid niemals nur Opfer, sondern auch Täter. Durch dieses Muster wird euch das verdeutlicht, und ihr könnt aufdecken, verabschieden und verzeihen. So lange, bis ihr eurem Gegenüber in Liebe entgegentreten könnt. Tut es, und ihr werdet euch erleichtert fühlen. So sei es, und so wird es sein.

Der Heilstein Topas

Der heilende Topas ist ein Stein der Mannigfaltigkeit. Er wirkt gleichzeitig auf allen drei Ebenen von Körper, Geist und Seele. Der Topas wird zum Schutz und zur Vorbeugung von Erkrankungen im körperlichen Bereich eingesetzt, damit sich nichts manifestieren kann, was eine Schädigung der Zellen bewirkt. Er dient zur Vorbeugung und zur Neuausrichtung von Zellen, die nicht mehr den wahren Wert und die wirkliche Aufgabe in ihrer Existenz leben. Der Topas gibt wieder den vollen Impuls der Verantwortlichkeit und des Erkennens in die Zelle, damit sie sich neu ausrichten und orientieren kann — hin zum Ursprung des Seins und zum Entstehen, von wo aus alle Informationen des Anfangs ausgerichtet sind.

Der Topas ist dementsprechend ein sehr wertvoller Stein bei der Behandlung von Wucherungen und sonstigen entarteten

Geschehen, die nicht mehr in ihrem Wert und in ihrer Wahrheit sind. Durch die Information dieses Urgeschehens kann der Istzustand der Vergangenheit wieder hergestellt und die Zelle, egal, in welchem Bereich sie existiert oder wirkt, wieder in die Genesung gebracht werden.

Ebenfalls dient der Topas den Zellen in der Umgebung des krankhaften Geschehens als Schutz vor der krankhaften Energie, die von dort aus ausgesandt wird, und hilft, dass keine krankhaften Informationen gestreut werden und sich auf andere Bereiche ausdehnen können. Auch das Zusammenwirken von Organen, die miteinander in Gemeinsamkeit und Abhängigkeit stehen und bei einem krankhaften Befall andere Organe in Mitleidenschaft ziehen können, wird von dem Topas in Liebe aufgehoben und wieder in die Harmonie und das gemeinschaftliche Wirken gebracht, neben der eigentlichen Abheilung der orientierungslos gewordenen Zellen.

Das ist der körperliche Bereich, der mit einem Topas vor Ort behandelt wird. Ein Wucherungsgeschehen wird in dem energetischen Dreieck mit Spitze nach oben ausgeleitet, und die Ursache, die zu der Erkrankung geführt hat, wird gleichzeitig in die Energie der Heilung und des Lichts transformiert.

Sollten mehrere Körper- und Zellbereiche betroffen sein, wendet die heilige Form Amadeii an und bindet sie nach außen ein in ein Dreieck von Kristallen mit Spitze nach oben. So sind gleichzeitig Heilung und Transformation gegeben und können zur Wirkung kommen.

Weiterhin wirkt der Topas als Schutz für alles Unbequeme und Negative, was auf euren Geist wirken kann. Über das Dritte Auge hilft der Topas, die Gefahr deutlich zu machen, und bildet über die Aura einen Schutzmantel über die Lebensform, die ihn als Kette trägt, um sie so zu schützen und zu bewahren. Diese Verbindung gilt auch für die Besetzung, die Besprechung, schwarze Magie, das Trennen von Bändern und alles, was sonst noch von außen zu euch über den Geist dringen mag. Auch wird depressives und sonstiges negatives Gedankengut eines Lebewesens in Liebe umhüllt und deutlich gemacht, bis es wieder hell und bewusst wird und dann in die Liebe und in positive Gedanken kommt.

Der Topas auf dem Dritten Auge verhilft dem Träger, einen bewussten Umgang und eine deutliche Sichtweise entwickeln zu können, um so geschützt zu sein für geistige Manipulationen unterschiedlicher Art.

Die Seele selbst erhält durch den Topas Erleichterung, Erleuchtung und Offenbarung für den geplanten Weg, den die Seele in ihrem derzeitigen Dasein durch die ganzen Schrecken aus dem Auge verloren hat. Der Seelenauftrag wird wieder deutlich erkennbar, und der Mut, diesen anzugehen, wieder verstärkt.

Ein energetisches Dreieck mit Spitze nach unten sowie ein zusätzlicher Topas auf dem Herzchakra verstärken diese Verdeutlichung und den Mut, den Lebensweg wieder zu erkennen und anzugehen.

Der Heilstein Chrysopras

Der Chrysopras ist der Stein der sogenannten Weisen und Gelehrten. Er vermittelt Wahrheiten, die im tiefen Inneren verborgen sind. Oft nicht sicht- und spürbar. Die Gedankeninformationen, die durch den Chrysopras übermittelt werden, sind voll in ihrer Wahrheit und in der Tiefe des Seins zu finden.

Alle alten Weisen und Gelehrten trugen diesen Stein als Kette und hielten ihn in Augenblicken des tieferen Sehens in Höhe des Stirnchakras oder in Augenblicken des emphatischen Spürens in die Herzgegend, um das Geschehen so zu verstärken. So wurden die alten Weisen und Priester an das alte Wissen angebunden und in die Verbindung an den Einen gebracht. Diese Verhaltens- und Vorgehensweisen ermöglichten ein Handeln auf höchster Ebene, das Informationen und auch Handlungen darbrachte, die sonst nicht erfassbar gewesen wären.

Auch heute hat der Chrysopras bei den Lebewesen, die in ihrer Entwicklung schon so weit fortgeschritten sind, dass sie durch die Anbindung an den Einen in der Lage sind, Wahrheiten zu erfassen und Informationen zu empfangen, die voll in der Wahrheit, doch zur Zeit für die Mehrheit der Lebensformen auf eurer Erde noch nicht nachvollziehbar und sichtbar sein dürfen, seine Entfaltung und Aktivierung der höchsten Energien. Es ist der Stein der Zukunft, der euch immer näher an das Wissen der Neuen Zeit anbindet und euch Informationen über Heilungen vereinzelt mitteilt und die Anwendung bei euch festsetzt.

Die Heiler der Neuen Zeit und die Kommunikatoren (ihr sprecht von Channel-Medien) der höheren Anbindungen dürfen diesen Stein für die weitere Entwicklung an sich aktivieren und verwenden. Sie werden dadurch in ihrer Energie aufsteigen und Wissen erfahren, das vor langer Zeit einmal bei euch auf der Erde vorhanden war, dann jedoch verschüttet ging, um nicht missbraucht zu werden. Jetzt aber sind durch die Anhebung der Erde in die höheren Ebenen der nächsten Epoche einige Lebewesen in der Lage und haben die Erlaubnis, diese Energien wieder zu aktivieren.

Geht bitte sorgsam bei der Anwendung dieses Heilsteins vor. Seid euch der Verantwortung bewusst. Leitet keinen Missbrauch ein, so, wie es in der Vergangenheit schon einmal geschehen ist. Benutzt ihn in Demut und legt ihn zurzeit bitte nur direkt auf eine Stelle, wie zum Beispiel das Stirn- oder das Herzchakra. Lasst den Chrysopras auf dieser Stelle wirken, ohne Gedanken und Absicht. Lasst die Energien des Chrysopras in euch dringen, dann öffnen sich euch Energien, Wissen und Welten, die bisher vor euch bewusst verborgen wurden. Geht am Anfang nicht über den Zeitraum von fünf Minuten hinaus und steigert ihn täglich um ein bis zwei Minuten. So können sich euer Geist und eure Seele wieder an diese Energien der alten wissenden Zeiten gewöhnen und euch die Tore so öffnen, wie ihr es verkraften könnt.

In der Zukunft zeigen wir euch weitere Anwendungen, auch in Verbindung mit anderen Heilsteinen, die euch ebenfalls den Weg in andere Denkebenen und Universen ermöglichen. Doch nun lasst euch erst einmal auf dieses Abenteuer der Erhöhung ein, so, wie ihr es verkraften könnt.

Solltet ihr vor lauter Neugierde diese Hürde zu schnell sprengen wollen, sehen wir uns aus der Geistigen Welt gezwungen, euch zu eurem eigenen Schutz dieses Wissen wieder aus eurem Geist zu entfernen. Geht demütig und voller Respekt an diesen nächsten Schritt, und ihr seid schon mehr gefordert und entwickelt, als ihr es hier und jetzt erfassen könnt. Seid demütig und geht in die Lehre mit dem Heilstein Chrysopras, und ihr werdet verstehen, wissen und sehen.

Die Heilsteine Hyazinth und Zirkon

Diese beiden sehr eng miteinander verwandten Heilsteine sind in ihrem Wirken so schwer zu unterscheiden, dass sie hier zusammen behandelt werden.

Sie sind sich in ihrem organotropen Wirken sehr ähnlich und legen sich schützend auf die Zellen, die sich in ihrer Organfunktion verändern möchten. Sei es durch Schwäche und Minderreaktion, durch Zelluntergang und somit mangelhaftes Funktionieren des Organs, oder durch Entartung und Umprogrammierung der Zellen und ihrer Aufgaben.

Diese beiden Heilsteine sind in ihrer Einmaligkeit hier besonders zu erwähnen. Sie werden als Umprogrammierer bezeichnet, die die Urinformationen der Zellen und ihrer Genetik wieder in die Zellerinnerung bringen und aktivieren, so lange, bis eine Gesundung erreicht ist.

Die Zellen, die kurz vor dem Untergang stehen, werden wieder in ihre Kraft gebracht und die alte Zellfunktion aufgefrischt. Das ist zum Beispiel bei Diabetes mellitus Typ 1 der Fall. Hier ist das Auflegen einer dieser beiden Heilsteine im Pankreasbereich zu empfehlen, damit die in Starre gefallenen und krankhaften Zellen wieder aktiviert und in ihre alte Funktion kommen können und das Krankheitsbild sich verabschieden kann. So wird langes Leiden und eine lebenslange Therapie unterbunden. Abheilung ist das Ziel, und so sollten die beiden Heilsteine direkt auf die krankhafte Stelle gelegt werden, damit sie dort wirken können. Ein Heilwasser ist auch möglich, hat aber nicht so viel Kraft. Des Weiteren ist eine Bestrahlung mit diesen beiden Steinen möglich, um die Heilkraft gebündelt zu intensivieren.

Ein Muster des weiblichen Dreiecks um das zu behandelnde Organ von außen herum ist ebenfalls empfehlenswert.

Die beiden Heilsteine dienen allein zur Abheilung von Organzellen und nicht von Nervenzellen. Hier wäre die Wirkung zu stark und eher zerstörerisch. Allein das Selbstbewusstsein wird durch das Tragen dieser Heilsteine gestärkt. Beim Auflegen während der Meditation gelangt ihr zu einer besseren Verbindung zu euch und eurer Natur.

Der Heilstein Amethyst

Das ist der Stein der Zukunft und der Vergangenheit, der Heiler und Veränderer. Er beinhaltet Kräfte, die alles Geschehene in eine Veränderung bringen können und Heilung und Transformation einleiten, so lange, bis endgültige Heilung von Körper, Geist und Seele eingetreten ist.

Der Amethyst wirkt auf allen drei Ebenen klärend und reinigend und verändert krankhafte Strukturen in ihrem gegenwärtigen Sein hin zur Grundidee des Seins. Er hat auch in alten Zeiten schon ein langes Wirken hinter sich und war in vielen Epochen ein wichtiger Heilstein für alles, was verändert werden durfte.

So gilt es heute und für die Zukunft, dass der Amethyst für Veränderung steht und dafür hilfreich eingesetzt werden darf. Sein Wirken ist auf körperlicher Ebene kühl und im Geist klärend für die Gedanken. Auch diese Klärung fühlt sich kühl an und bringt Erleichterung bei der Anwendung. Für die Seele ist der Amethyst der Stein der Wiedererkennung von alten Verbindungen, die Auflösung von Karma und die Abheilung in klärender Kühle und Transformation.

Als Schutzstein bewahrt der Amethyst vor unangenehmen Begegnungen, er wehrt den sogenannten bösen Blick ab und wirkt bis in die unterschiedlichen Auraschichten schützend und klärend.

Der Amethyst wird als Heilwasser innerlich für das Körperliche reinigend eingesetzt. In der Meditation wird er je nach Bedarf für die Veränderung in der Seele oder im Geist verwendet, um dort Transformation einzuleiten.

In Heilmustern gelegt, wirkt die Heilkraft des Amethystes je nach Musterart verschieden. Legt man ein weibliches Muster, werden alte Ahnenverletzungen angesprochen und in die Harmonie gebracht. Legt man ein männliches Muster, werden Verletzungen der Seele durch Fremdpersonen angegangen und in Harmonie gebracht. Legt man ein Quadrat, wird die Aura komplett gereinigt und geheilt und mit einem Schutz ummantelt.

Mit dem Amethysten gibt es viele Möglichkeiten der Veränderung, die euch für die Neue Zeit noch bewusst gemacht werden.

Experimentiert mit den verschiedenen Mustern, und ihr werdet erstaunt sein, welche Wirkung der Amethyst bei Transformation und Heilung hat.

Der Heilstein Bergkristall

Der Bergkristall ist der König eurer Steine und nicht allein als Heilstein zu verwenden. Der Kristall klärt und transformiert, so, wie ihr es vom Amethysten her kennt. Doch die Wirkung des Bergkristalls ist viel stärker und intensiver, bis hin zur Zerstörung von allem, was existiert.

So findet ihr den Bergkristall auch als Träger und Leiter, als Energiebildner und Transporteur, als Behandlungsinstrument in Form eines energetischen Messers, und als Heilstein für die Klärung.

Mit einem Bergkristall seid ihr in der Lage, negative Energien und Krankheiten aus dem Körper herauszuleiten und zu transformieren. Weiterhin könnt ihr mit einem Bergkristall Energien in den Körper hineinführen, Körperstellen und Gegenstände energetisch aufladen und Heilungsprozesse an Ort und Stelle aktivieren. Je nachdem, wie ihr den Heilstein anlegt, ist die Wirkung eine andere.

In Musterform gelegt, wirkt der Bergkristall schützend und klärend und ermöglicht so auch die Auflösung dunkler Energien in einem Schutzraum, der den Heiler beschützt und den zu Heilenden in einen Raum der klärenden und reinigenden Energien legt.

Der Bergkristall ist so vielfältig einzusetzen, dass hier nur seine oberflächliche Daseinsberechtigung angesprochen wird. In eurer Zukunft wird euch das Wissen um die Heilwirkung und die Veränderungsfähigkeit eures Körpers und eures Geistes durch die Anwendung von Kristallmustern noch deutlicher gemacht werden. Doch jetzt hat es zu eurem eigenen Schutz hier einen Stopp.

☆

Die hier angesprochenen Steine sind Heilsteine der alten Zeit, die nun für euch wieder in der alten Wirksamkeit sind. So wurden sie früher in der Hochzeit der Feinstofflichkeit eingesetzt, in der eure Zellmuster höher schwingend waren.

In der Zeit eurer Grobstofflichkeit konnten die alten Heilwirkungen so nicht mehr stattfinden, und es wurde eine Reduzierung der Heilenergien eurer Heilsteine sowie ein Vergessen der alten Kombinationsabsichten in den Wirkungen von alten Heilmustern wie ein Schleier über euch gelegt. Nun ist es gegeben, dass sich dieser Schleier langsam lüftet, da eure Zellen täglich feinstofflicher eingeschwungen werden und reagieren.

Ein Hoch und ein Willkommen in der neuen und wiederaktivierten alten Ära der Heilung.

2. Erklärung der vorab angesprochenen Energiemuster

2.1 Der Punkt

Der Punkt wirkt als Ausgangspunkt der Übertragung nach innen und außen. Hier ist allein eine einzige Stelle Grundlage für die Energieübertragung. Je nach Form des Steins wird die Energie nach innen oder nach außen gelenkt. Die Spitze zeigt immer in die Richtung, in die die Energie fließen soll. Fläche ohne Spitze wirkt direkt vor Ort und nicht in die Tiefe. Es sei denn, die Fläche wirkt in Form eines gelegten Musters und dann als Symbol des Punkts in Form eines Kreises über die Aura.

So wird aus dem Punkt ein Kreis, und der Kreis wirkt wie ein großer Punkt. In allem Sein ist ein Raum enthalten, auch im kleinsten Punkt.

Je nachdem, ob die Spitze nach innen oder nach außen gerichtet oder bei einem Kreis sogar in Richtung des anderen Steins positioniert wird, hat die Energie eine andere Wirkung und Aufgabe.

2.2 Der Zweiklang beziehungsweise das Gegenüber

Yin oder Yang, oben oder unten.

Hier wird mit der Polarität gearbeitet. Dieses Muster ist immer dann angesagt, wenn man zwei Bereiche mit unterschiedlichen Energien hat. Es muss herausgefunden werden, welcher Bereich stark und welcher schwach ist beziehungsweise welcher krank und welcher gesund ist. Denn wenn beide Pole gleichzeitig angesprochen werden, wirkt der Bereich, der Veränderung und Heilung benötig, mit einer Energiezufuhr und Abheilung. Der andere Bereich wird gleichzeitig gestärkt und hat dadurch harmonischen Einfluss auf den regulierenden Bereich. Das bedeutet, der Fluss durch beide Pole wird in Harmonie gebracht und bringt einen Ausgleich beider Pole hin zu einer gemeinsamen energetischen Stärke.

Hier ist zu beachten, dass beide Heilsteine mit einer Spitze ausgestattet sind. Sie werden zuerst auf den Bereich, aus dem Krankheit ausgeleitet werden soll, aufgelegt. Hier ist die Spitze weg von dem Geschehen und weg von dem anderen Heilstein auszurichten. Der Bereich, der in Harmonie ist, spendet seine heilbringende Energie, indem der Heilstein mit Spitze in Richtung des kranken Bereichs aufgelegt wird. So arbeiten die zwei Heilsteine ausleitend und gleichzeitig abheilend.

Bei einem reinen Energieausgleich werden die Heilsteine mit Spitze jeweils zu dem anderen Heilstein aufgelegt. Die Dauer der Behandlung ist abzufragen.

2.3 Der Kreis

Der Schutzkreis der Unendlichkeit dient ähnlich einem heiligen Raum, um geschützt wirken zu können. Die Ursachen oder Intentionen können mannigfaltig sein, doch das Verlangen nach Schutz steht hier immer im Vordergrund. Ob Heilbehandlungen oder Bändertrennungen angegangen werden möchten, der Kreis bietet den bestmöglichen Schutz bei diesen Ausübungen.

Je nachdem, ob die Spitzen nach innen oder nach außen gerichtet oder bei einem Kreis sogar in Richtung des anderen Steins positioniert werden, hat die Energie eine andere Wirkung und Aufgabe.

2.4 Das Dreieck

Spitzen nach oben
Das Dreieck dient dazu, alles herauszuleiten, was herausgeleitet werden soll. Es transportiert von innen nach außen und von unten nach oben. Es wirkt kraftvoll und verändernd, ohne einen psychischen Anspruch auf Veränderung zu haben. Dieses Dreieck wirkt männlich und stark.

Spitzen nach unten
Dieses Muster mit den Spitzen nach unten ist für die Anbindung an eure Wurzeln und an Mutter Erde gedacht. Es bringt euch in eure energetische und geistige Einheit und sorgt für Harmonie in eurem Körper, indem es die Zellen in Gleichklang und in eine gleiche Schwingung bringt. Diese Anwendung ist sehr intensiv und nach innen gerichtet, in Körper, Geist und Seele. So steht dieses Dreieck für die weibliche Energie, mit der die Heilung nach innen stattfinden kann.

2.5 Das Quadrat

Das Muster des Quadrats steht für den einheitlichen Energieaufbau in eurem Innenbereich.

Das Quadrat wird komplett für den körperlichen Bereich und seine Heilung gelegt. Es kann aber auch um den zu Heilenden herum und auch für den Heiler als Schutzraum um die Aura gelegt werden, damit in ihm ohne Einfluss von außen gearbeitet und abgeheilt werden kann.

Je nachdem, ob die Spitze nach innen oder im Quadrat in Richtung des anderen Steins positioniert wird, hat die Energie eine andere Wirkung und Aufgabe.

Diese Muster sind für euch derzeit ausreichend. Wendet sie mit den vorher beschriebenen Heilsteinen an, und ihr werdet erfahren, welche Veränderungen sich bei euch einstellen. Weitere Legemuster werden euch in der Zukunft noch übermittelt werden, wenn eure Zellen dazu bereit sind.

VII. Der Klang des Universums und die Entwicklung der Zelle

Lange verweilte ein Wissen in der Vergangenheit des Vergessens, das nun langsam wieder an die Oberfläche streben und sich zum Wohl und zur Vervollkommnung des Wissens, das in euch ruht, entblößen und entwickeln darf. Es ist gesetzt und gegeben, dass jede einzelne Zelle in euch ein Speicher der Multidimensionalität ist, eine Wesenheit des göttlichen Seins und eine Beseelung eures göttlichen und individuellen Aspekts, das sich in eurer Zeit und in allen Dimensionen entwickeln und verändern darf. So wurde aus dem einen göttlichen Aspekt eine Quantenenergie abgespalten, die für die Entwicklung zur Verfügung gestellt wurde, und jede Seele hat sich in eine Verbindung mit dieser Quantenenergie eingelassen und sich daraus gebildet, was den heutigen Menschen und alle anderen bewussten Lebensformen ausmacht.

Diese Vereinigung der Quantenenergie mit der Seele hat eine Lebensform gebildet, die sich nicht nur spalten, teilen, vermehren oder bewegen, sondern die auch Bewusstsein und Empfindung enthalten kann und auf die Sprache des Einen reagieren und so eine Veränderung einleiten kann zu allem, was Einheit und Liebe bedeutet. Die Vereinigung, die wir hier ansprechen, ist die Zelle an sich. Keine komplette Einheit, sondern eine Einzelheit, die doch so mannigfaltig ist in ihrem Dasein, dass eine Reichhaltigkeit mit multidimensionalen und universellen Möglichkeiten entstanden ist.

Die Geburt der Zelle ermöglichte eine körperliche Entfaltung, die so die Feinstofflichkeit in ihrer Begrenzung veränderte. Eine Ausdehnung und eine feststoffliche Entwicklung und Veränderung wurden entwickelt und geschaffen, die ein Brunnen der Wunder und der Freude darstellten. So war es geplant, und so wurde die Zelle in der Entwicklung des Anteils des Einen durch die vielen aus seinem Ursprung zur Entwicklung freigegeben, und es durften Prozesse der Erwartung und des Spielens mit der feinstofflichen neuen Materie begonnen werden.

Voller Freude haben wir aus der Geistigen Welt diese neue Dimension der Entwicklung aufgenommen und Lebensformen geschaffen, die mit dem göttlichen Aspekt und Auftrag versehen waren und so eine Welt einleiten konnten, die die Neugierde der Forschung in uns allen weckte. Das war der Schritt der Veränderung in die Grobstofflichkeit. Die Entwicklung der Zelle.

Damit aber jede Zelle von ihrem Ursprung gleich und in ihrem Auftrag der Liebe wirken konnte, wurde jeder vor ihrem sogenannten Leben der Seelenaspekt und der Seelenauftrag eingehaucht. Das Seelenwissen und der Kontakt zu der Seelensprache wurden manifestiert und sind auch heute noch Bestandteil eurer Zellen. Nur leider ist dieses Wissen in Vergessenheit geraten beziehungsweise wird diese Sprache von euch heute nicht mehr gehört.

Jede Zelle wurde mit der Sprache des Universums versehen, der Sprache des Klangs. So konnte und kann jede Zelle durch einen bestimmten Klang in eine Erinnerung gebracht werden, die sie an ihren Ursprung zurückführt, die die Grundlagen der Urenergie verkündet und erlebbar macht.

Die Sprache des Klangs ist nach eurem Verständnis ein Rückmeldesystem zu dem Einem, der so jede einzelne Zelle erkennen kann. Ein Schlüssel, der euch den Weg zu dem Einen ebnet und öffnet, der aber auch als Urinformation eurer Zelle dient, wenn diese ihre Daseinsform und Entwicklung überprüfen möchte. Eine Kommunikation von Zelle zu Zelle ist auf feinstofflicher Ebene ebenfalls möglich, indem wir uns dem Klang der Zelle hingeben und in einer Klangfolge miteinander kommunizieren. Der Klang, der die Sprache des einheitlichen universellen Seins ist, klingt somit in jeder einzelnen Zelle und Lebensform, die durch eine Zelle, kombiniert mit der Beseelung der Zelle, ins Leben gerufen worden ist.

Bei dieser Betrachtung ist es nicht von Bedeutung, ob wir von einer Zelle, einer Zellgruppe oder sogar von einer Lebensform, bestehend aus vielen Abermillionen Zellen, sprechen, sondern wichtig ist die beseelte Ursprungsinformation, die sich in der Zelle manifestiert hat.

Die beseelte Ursprungsinformation einer Zelle wird in der ursprünglichen menschlichen Entwicklung durch die Vereinigung von Männlich/Weiblich und der Neubelebung einer Zelle, die sich in dem weiblichen Schoß zur Weiterentwicklung zur Verfügung gestellt hat, geboren. Zuerst entwickelt sich ein Zellklumpen und dann, wenn die Beseelung durch eine Seeleneinheit stattgefunden hat, das Zellbewusstsein zu einem bewussten, universellen Potenzial, das für die Entwicklung und die Erfahrung einen Prozess des Lebens beginnen kann und möchte.

Ein beseeltes Lebewesen kann sich nun entwickeln und so lange in die Erfahrung gehen, bis die Beseelung der Zellen in diesem Körper aufhört und die Seele sich mit allen ihren Erfahrungsaspekten wieder in die Feinstofflichkeit zurückzieht. Die körperliche Zelle zerfällt unbeseelt in ihre Einzelteile, und nur der göttliche Aspekt ist in Anteilen des verlassenen Körpers und seiner Zellen noch nachzuweisen.

So ist die beseelte Zelle ein wundersames Wesen, für das jedes Lebewesen selbst eine Verantwortung zu treffen hat. Die Zellinformation und die Gesundheit der Zelle sind schützenswert und vor dem Untergang zu bewahren.

1. Die Urinformation des Zellklangs

Töne, Laute, Mantren, Worte und Instrumente stellen für euch Hilfsmittel dar, um in die Urinformation eures Zellklangs zu kommen.

Der Klang der einzelnen Chakren überträgt jeweils einen Grundton, der sich individuell in den Zellen des Chakren-Geflechts leicht abgewandelt vorfindet, aber immer noch in der Urinformation des Zellklangs ist. Der höchste Klang in eurem Universum ist die Stille, die ihr auch in den Zwischenräumen der Klänge findet. Weitere Möglichkeiten, eure Zellen anzusprechen, findet ihr in dem Ansprechen von Lauten wie I, E, A, Ä, O, U oder auch über das Singen von heiligen Mantren, zum Beispiel das OM. Es geht hier nicht um die genaue Ausdrucksweise, sondern allein der Klang ist hier im Vordergrund. Jede Ausdrucksweise kann anders sein, aber der Klang bringt eure Zellen in Schwingung.

Auch mit Instrumenten könnt ihr den Zellklang anstimmen und die Zellen zum Vibrieren bringen. Vibrieren bedeutet Leben in voller Harmonie und Gesundheit.

Menschen, die singen, bringen durch ihren Gesang, der alle Klänge in sich vereint, alle Zellen im Körper zum Schwingen. So ist der Gesang ein wunderbares Mittel, um eure Zellen in ihre Klangschwingung zu bringen und gleichzeitig eure Seele zu erfreuen. Singende Lebewesen sind glücklich, zufrieden und in Harmonie. Singt für euch, und ihr und eure Zellen werdet in der Gesundung bleiben.

2. Heilbehandlungen der Zellen

Jede Zelle hat ihren eigenen universellen Klang. Dieser Klang vibriert in der Zelle und bringt eine Schwingung aller Anteile bis zum Schöpfer. So stellt ihr den Kontakt zum Schöpfer für eure Zellen her, und Wohlgefühl und Angebunden-Sein können sich zum Wohl der Zellen entwickeln.

Dieses Wohlgefühl ist Grundvoraussetzung für eine gesunde Zelle, die ihren Auftrag in Liebe verrichten kann und voll in der Erfüllung lebt.

Ist eine Zelle abgeschieden von dieser Anbindung und kann sich nicht mehr selbst in die Gesundungsschwingung bringen, benötigt sie Hilfe.

Diese Hilfe kann sie erhalten, indem seelengleiche Zellen in der Umgebung der Zelle wieder ihren Klang senden, den sie spüren und erleben kann, um sich daraus wieder in ihre Schwingung zu versetzen.

Eine weitere Möglichkeit ist es, durch Energieübertragung die Zelle wieder in ihre Ursprungsenergie und Kraft zu bringen, um so ein Schwingen des Klangs zu aktivieren.

Bei Fremdbesetzung kommen diese beiden Möglichkeiten nur bedingt in Betracht, da die Zelle einen anderen beziehungsweise einen veränderten Klang angenommen hat und in einer anderen Energie- und Klangsprache klingt. Nur die Beseelung ist noch die gleiche, und hier ist der Ansatz der Heilmöglichkeit, indem die Seele die Zelle wieder in ihren Ursprungsauftrag und Klang bringt. Diese Heilmethode benötigt einen erfahrenen Heiler, der Kontakt mit der Seele aufbauen und mit der Zelle in die Transformation und Veränderung gehen kann.

Ein wichtiger Aspekt bei der Heilung von Zellen liegt in der Prävention. Alle Zellen haben einen Energiefluss, der sich je nach Grad der Beanspruchung vermindert. Die Energie einer Zelle durch Energiezufuhr von außen ist immer ein guter Ansatz, um die Zelle in guter Energie und Gesundheit und somit in ihrem Ursprungsklang zu halten.

Weiterhin besteht die Möglichkeit, mittels Klang mit der Zelle selbst in Kontakt zu treten. Jede Zelle hat ihren eigenen Klang, und so ist das Hineinspüren in die Zelle und das intuitive Singen und Summen des Klangs, den wir in uns spüren, ein Weg, mit der Zelle zu kommunizieren und ihren Klang zu erhöhen und zu schwingen.

Das kann über die einzelne Zelle, über einen Zellkomplex, ein Zellorgan, eine Zellzone, ein Chakra oder über die Aura geschehen.

VIII. Organtransplantation

Amadeii, wie sieht die Geistige Welt die Intention der Menschen, Organtransplantationen vorzunehmen? Sollten wir uns im Fall eines nachgewiesenen Hirntods für eine Organtransplantation zur Verfügung stellen?

Seid in eurer Liebe und in dem Bewusstsein, dass Helfen ein individuelles Gut eines jeden Einzelnen darstellt und nicht diktiert werden kann. Oft sind die Absicht und die Wirkung nicht identisch in ihrem energetischen Sein, sodass für euch vieles sehr deutlich zu klären ist, damit keinerlei Schuldbewusstsein und Defizitdenken euch zu einer Tat veranlassen, die ihr in eurem ureigenen Inneren nicht vertreten könnt und möchtet.

1. Die universellen Gesetze

Hier nun die Aufklärung zur Organtransplantation aus Sichtweise der Geistigen Welt:

Wenn ein Lebewesen sich formiert, um auf eurer Welt einen Abschnitt der Erfahrungen zu erleben, ist für diese Zeit alles bereits vorbereitet und entschieden, was auf geistiger, seelischer und körperlicher Ebene zu wirken hat. Die Lebensaufgabe samt aller Möglichkeiten der Umwege ist voll definiert und erfasst, die geistige Entwicklung mit allen Blockaden und emotionalen Entgleisungen vorgeformt sowie die körperliche Entwicklung und der Zerfall samt der Verabschiedung von der Erde nach dem Zeitplan der Lebensdauer für diese Erfahrungsperiode festgesetzt.

Ist es nun möglich, einen vorab vereinbarten Plan durch eine von euch entwickelte Methode zu durchkreuzen, spielt ihr Göttlichkeit, die den universellen Plan des Geschehen-Lassens und des Nicht-Einmischens in ihrer Wirkung total erschüttert.

Es ist euch in eurem Wirken nicht gegeben, solche Entscheidungen gegen den individuellen göttlichen Plan zu treffen und zu verändern. Es ist ein Einschnitt in die Gesetze des Universums, der nicht entschuldbar ist. Die Wirkung ist so komplex, dass ihr sie in ihrer Auswirkung nicht erfassen könnt. Wie im Großen, so im Kleinen und umgekehrt. Also hat dieser energetische Eingriff eine solch potenzierte Wirkung, die Auswirkungen bis zum Ursprung haben kann. Erkennt bitte, dass ihr ein Teil von allem Großen seid und sich alles im Feinstofflichen widerspiegelt, was bei und mit euch geschieht.

So viel zu unseren universellen Gesetzen, die auf Erden durch eure Emotionen nicht immer nachzuvollziehen sind.

2. Die Einzigartigkeit jeder Zelle

Doch nun zu eurer körperlichen, geistigen und seelischen Verantwortung, die ihr durch diese Eingriffe und Verletzungen durchdringt und verändert.

Seid euch bewusst, dass jede einzelne Zelle in eurem Körper beseelt ist von dieser einzigen, ja, einzigartigen Seele, und diese Seele ihre Harmonie und Schwingung nicht nur im Körperlichen hat, sondern auch in der Außenhülle, die jedes Individuum im feinstofflichen Bereich umgibt, und sich darüber hinaus in der Anbindung zu einer noch energetisch höheren, feinstofflicheren Ebene, die euch bis jetzt in ihrer Tragweite noch nicht deutlich und bewusst ist, befindet.

So ist jedes Organ oder Element des Lebenden (und hier betone ich „des Lebenden" bewusst, um euch auch die Lebensformen auf eurer Erde zu verdeutlichen, die neben euch Menschenkindern auf eurem Planeten existieren, da sie alle Teil des Göttlichen sind) nicht nur in seinem Körper in der Entfaltung,

Arbeit und Entwicklung, sondern darüber hinaus über die körperlichen Grenzen angebunden an höhere Seinsebenen, die nach der Entseelung des Lebewesens weiterhin auf feinstofflichen Ebenen existieren. Eine irdische Beendigung von Leben bedeutet nicht, dass alle Existenz der Energien dieser Lebensform für immer aufgelöst und verabschiedet sind, sondern es existiert eine Weiterentwicklung und Rückführung in die Ursprungsenergien des offiziellen Seins der universellen Einheit. Kein Tod und keine Verabschiedung, sondern eine Umwandlung und Befreiung der körperlichen Enge, damit sich die geistige und seelische Erfahrung wieder neu sammeln und vorbereiten kann für weitere Aufgaben in einem nächsten Leben in körperlicher Begrenztheit. Ihr habt dafür den Namen „Inkarnation".

Sollte einem Lebewesen ein Organ entnommen und in einen anderen Körper eingepflanzt werden, ist die Energieform, die sich von diesem Leben und der Erde verabschieden möchte, nicht komplett in ihrer Verabschiedung, wenn ein Teil der Zellinformation in einen anderen Körper eingepflanzt worden und zum Weiterleben aufgefordert ist. Denn diese lebenden Zellen versuchen immer wieder, Kontakt mit ihrer energetischen und feinstofflichen Ebene aufzubauen. Ein Hilferuf, dem durch eure Ignoranz der universellen Gesetze nicht geholfen werden kann.

Ein Sender, der permanent sendet und keine Rückmeldung auf seiner grobstofflichen Ebene erhalten kann, da die Anbindung an seine Feinstofflichkeit abgeschnitten ist und die Feinstofflichkeit der anderen Lebensform, sprich dem Organempfänger, nach einem anderen Kode der Signalübermittlung funktioniert. Jede Zelle hat nur einen Sender und einen Empfänger im gesamten Universum, und durch diese Tatsache schneidet ihr lebende Zellen von der Existenz ab, und weder ein würdevolles Leben noch Sterben ist dem entnommenen Organ möglich. Es vegetiert vor sich hin. Ein für uns sehr trauriger Moment, denn wir hören die Hilfeschreie der Zellen, die abgetrennt und verlassen sind.

3. Der Empfänger eines Spenderorgans

Ein weiterer Aspekt, der von euch vielleicht anzunehmen und zu überdenken ist, ist die Abwehrreaktion des Körpers, in den eine fremde Zellinformation eingepflanzt worden ist. In einer funktionierenden Einheit auf körperlicher, geistiger und seelischer Ebene wird eine Fremdinformation mit einer ganz anderen Schwingungsfrequenz eingepflanzt. Das erscheint dem Organismus auf allen Ebenen wie eine Fremdbesetzung, ein Eindringen und Überlagern der eigenen Schwingungen und Kodierungen mit einer Kodestörung, die andere Signale aussendet und empfängt.

Was bedeutet das für das Lebewesen, das mit einer Fremdbesetzung klarkommen muss? Der Körper versucht immer wieder, diese Belagerung zu bekämpfen und abzustoßen, um wieder ganz in seine energetische Einheit zu kommen. Diese Abwehrreaktionen werden bei dem Empfänger mit hochdosierten Medikamenten unterdrückt, die zudem noch eine Schädigung der noch funktionierenden eigenen Organe durch sogenannte Nebenwirkungen und Vergiftungen hervorrufen können. Der Körper wehrt sich gegen den Eindringling und wird mit Medikamenten, die das natürliche Immunsystem des Lebewesens unterdrücken und den Körper vergiften, mundtot gemacht.

Beispiel:
Stellt euch vor, in eure Wohnung wird euch von eurer Nachbarschaft eine fremde Person einquartiert, die von euch Wohnung, Nahrung, Leben und Einmischen in eure Privatsphäre verlangt. Wenn ihr aufbegehrt, werden eure Argumente unterdrückt und bekämpft. Wie findet ihr das?

4. Fremdbeeinflussung durch das gespendete Organ

Weiterhin wird der Organempfänger durch dieses Fremdorgan Fremdinformationen und Fremdschwingungen ausgesetzt, die in seinem Körper Signale aussenden und dadurch den Organempfänger auf eine Art beeinflussen, die nicht zu ihm gehört. Erfahrungen und Emotionen, die der Organspender erlebt und erduldet hat, sind als Signal in seinen Zellen manifestiert. Ängste, Nöte und auch der Todeskampf können durch die Organtransplantation auf den Empfänger übergehen, und dieser hat sich plötzlich mit fremden Energien und Emotionen auseinanderzusetzen, ohne selbst den Weg bis zu dieser Emotion schrittweise aufgebaut und erlebt zu haben. Er erlebt von jetzt auf gleich ein volles Potenzial von Fremdenergien, die nun seinen Körper, seine Seele und seinen Geist mitsteuern und beeinflussen.

So kann diese Fremdbeeinflussung zu körperlichen, geistigen und seelischen Störungen führen, die dann wiederum mit Medikamenten unterdrückt werden müssen.

Wie fühlt sich der Organempfänger? Welche Gedanken sind in ihm? Ist die Dankbarkeit, weiterleben zu können, so stark, dass alle seine Zweifel unterdrückt werden? Das ist eine Frage, deren Antworten Bücher füllen könnten.

Der aktuelle Wunsch des Kranken, wieder gesund zu werden und mit Hilfe eines Spenderorgans ein menschenwürdiges Leben führen zu können, überwiegt im Augenblick der heftigen Krankheitssymptomatik. Auch das Leid der Menschenkinder, die um ihre Liebe, ihre Anverwandten oder Bekannten bangen, beeinflusst das Denken des Patienten. Doch die Folgebedingungen, die den Lebensweg des Menschenkindes nach der Transplantation begleiten, werden oft unterschätzt. Eure Medizin hat nur den Wunsch, etwas Tolles zu gestalten und zu vollbringen. Die Psyche des Menschen steht hier nicht im Vordergrund, sondern rein das Funktionieren als Mitglied in eurem Gesellschaftssystem (als Vater, als Mutter, als Kind, als Ich). Leben, um zu existieren, und nicht leben, um sich zu entfalten und die Einzigartigkeit des Einzelnen erleben und erfahren zu können, steht bei euch im Vordergrund.

Einsichten, Veränderungen und Alternativen werden von euch nicht als lebensfähig und lebenswert erachtet. Die Achtsamkeit vorher als höchstes Gut zu betrachten, rückt immer mehr in den Hintergrund, je mehr Alternativen der einfachen Art, hier die Organtransplantation als Ersatzteillager, angedacht werden. Verantwortung und Selbstwert sind Eigenschaften, die nicht mehr im Vordergrund stehen.

5. Wie fühlen sich die Angehörigen von Organspendern?

In einer Trauersituation ist das ein sehr spaltender Aspekt der Emotionen, der die Angehörigen oft überfordert, und selbst wenn im Vorfeld eine solche Spendenaktion geplant wurde, ist das gedankliche Festhalten und Beschäftigen mit der durchgeführten Organspende in der Zukunft ein Bereich, der als Fakt angenommen und nicht mehr revidiert werden kann. Die Angehörigen werden dann mit ihren Gedanken und ihrer Trauer allein gelassen, und Hilfe finden sie dann oft in Antidepressiva, die die Gedankenlast leichter ertragen lassen sollen. Welch ein Kreislauf, der hier durch eine gut gemeinte Absicht aktiviert wurde!

6. Die Absicht hinter dem Spendenaufruf

Fragt euch bitte auch, welche Absichten eure Gesellschaft und die Krankenkasse als Auslöser für diesen Organspendenaufruf haben. Es geht hier doch nicht um das Individuum selbst als Akt der reinen Menschenliebe, sondern um den Erhalt einer Arbeitskraft und eines manipulierbaren Wesens durch Medikamente, das so in eine permanente Abhängigkeit von Medizin und Pharmaindustrie gebracht wird. Ein Hoch auf die tolle Medizin und Wissenschaft, die für euch Menschenkinder so in ihrem Wissen und Wirken agieren. Nur für euch und zu eurem Wohl...

Wie fühlt ihr euch mit dieser Aussage? Könnt ihr dem zustimmen, oder regt sich bei euch Selbstzweifel über die Wohltat eurer Medizin und Gesellschaft? Denkt bitte hierüber unabhängig und neutral nach.

7. Fragen an Amadeii zur Organtransplantation

Amadeii, wenn ich mir vorstelle, mein Mann erkrankt so sehr, dass ihm nur noch eine Organtransplantation ein Überleben sichern könnte, dann weiß ich nicht, wie ich in dieser Situation reagieren würde. Ich möchte meinen Mann doch noch lange an meiner Seite haben. Und so reagieren doch die meisten Menschen, wenn sie mit einer Organtransplantation konfrontiert werden. Kannst du mir dazu etwas sagen?

Auch wir verstehen eure Bedürfnisse und Emotionen. Und auch wir erkennen eure Not in einer solchen Situation. Doch in den vorherigen Zeilen haben wir euch deutlich gemacht, was alles zu bedenken ist und was gegen eine Organtransplantation spricht. Wir akzeptieren den freien Willen, der bei euch auf der

Erde manifestiert ist und den ihr nach eurem eigenen Wollen ausleben könnt. Doch erkennt auch die Absicht und den Einschnitt in die Bereiche der Organspender, der Organempfänger, der Familien beider Seiten und in die Gedanken all der Menschenkinder, die sich mit diesem Thema konfrontiert sehen.

Amadeii, sollen wir die Organtransplantation ablehnen und die Menschen dann an Organversagen sterben lassen?

Ihr seht immer nur das Entweder-Oder. Erkennt, dass nicht allein die Organspende das absolut Eine ist, das hier helfen kann. Es gibt viele Möglichkeiten, die für den Kranken eine Alternative bis hin zur absoluten Heilung bieten können, nur müsst ihr eure Mediziner auffordern, sich mit diesen Möglichkeiten, von denen euch derzeit auf eurer Erde schon einige zur Verfügung stehen und öffentlich bekannt sind, auseinanderzusetzen und sich endlich den Alternativen zu öffnen. Das wird in eurer medizinischen Existenz noch einen langen Weg benötigen, da diese Möglichkeiten für die Mediziner in ihrer sehr eingeschränkten Behandlungsfähigkeit und in ihrem wissenschaftlich bewiesenem Denkanspruch nicht einfach sind im Akzeptieren und in der Umsetzung, schon von ihrem persönlich erlernten Denkansatz her.

Die euch derzeit schon bekannten Alternativen sind nicht so spektakulär, Ruhm fördernd und auch nicht wissenschaftlich bewiesen, sondern einfach und leise. Doch voll in ihrer Wirkung.

Amadeii, welche Möglichkeiten gibt es denn als Alternative für eine Organtransplantation?

Du selbst und einige andere Menschenkinder arbeiten schon in den Anfängen mit diesem Wissen, und es wird euch immer mehr zur Verfügung gestellt werden, damit ihr es in euren Heilpraxen an euren Patienten hilfreich und unterstützend anwenden könnt. Weitere Informationen werden wir in der nächsten Zeit auf die Erde und in eure Gedanken bringen, damit dieses Wissen auch in Buchform, von uns geführt, niedergeschrieben und unter die Menschenkinder gebracht werden kann.

Schritt für Schritt lehren wir euch das Verständnis und die Umsetzung der einzelnen Aspekte, die bei einem solchen Krankheitsbild zur Heilung notwendig sind. Verkündet und lehrt dann diese alternativen Möglichkeiten, die die Heilmethoden der Neuen Zeit darstellen, und in der Zukunft werden Organtransplantationen als eine Methode wie in eurem Mittelalter angesehen werden.

Vertraut auf uns.

IX. Weitere Details über euer Universum

Friede mit euch und mit eurer Demut. Ihr seid in der Entwicklung. So erkennen wir es voller Freude. Doch nun werden wir euch einiges über euer Universum erzählen, das ihr allen weitergeben dürft.

Einst wurde ein Universum geboren, das frei von allen Taten der Polarität und des Schattens war. Ein Universum, das erst als ausgedehnter Punkt existierte, bis von diesem Punkt aus die Existenz einen Raum der Leere schuf. In diese Leere wurde der Atem des Einen eingehaucht, so entstand eine Entwicklung, und ein Universum war geboren. Dieses Universum war eine Symphonie an unterschiedliche Energien des Einen, die sich in fester Form manifestierten, um in diesem Universum in Liebe zu kreisen und zu wirken.

Den Hauptenergiebereich in dieser Formation übernahm in eurer Galaxie die Sonne, die schon seit Äonen von Zeiten in anderen Existenzen gewirkt hatte und sich nun zu einem festen Energiebereich formierte, um als Urmutter und Urvater in eurer Galaxie zu strahlen und zu sein. Um sie herum formierten sich viele große Planeten mit unterschiedlichen Aufgaben, Sternen und kleineren Energiehaufen, die in dieser Existenz wirken durften, wie es in Harmonie und in einem Miteinander sein sollte. Es gab Zeiten, in denen diese Planeten lange Zeit in einer Einheit schwebten.

Der Schutz und die Transporteinheiten wurden durch ein Nebelgeflecht gesteuert, das von euch Milchstraße genannt wird. Dieses Geflecht besteht aus vielen Energieeinheiten, die strahlen und wirken und besondere Aufgaben haben. In diesen Bereichen befinden sich Schleusentore, auch Dimensionsstore genannt, die den Übergang von einer Dimension in eine andere ermöglichen. Und so war und ist eure sogenannte Milchstraße ein Knotenpunkt für andere Dimensionen und Galaxien. Eine Wichtigkeit in dem kompletten Verbund aller Existenzen in allen Ebenen des Seins.

Je weiter sich die Planeten in ihrem Lauf von diesen Energien der Milchstraße wegbewegten, desto heftiger waren die zu erlebenden Aufgaben. Die Hilfe und das Licht waren in der Ferne nicht so stark wie in dem Zentrum der Galaxie. Je näher die Planeten wieder dieser Energiestraße kamen, umso stärker wurde das energetische Feld in dem Planeten aktiviert, und der Bewusstseinsaustausch in Sein und Liebe war wieder vollkommen. Doch bedeutete diese Nähe auch immer wieder Umschwung, Neuanfang und Veränderung zu dem Einen in Liebe.

Diese Bewegung weg und hin zur Milchstraße ist auch heute noch ein großer Einflussfaktor für die Entwicklung der Lebensformen auf eurem Planeten. Zurzeit befindet sich die Erde ganz in dem Einflussbereich der Milchstraße, wodurch ihr euch manche Gegebenheiten, Geschehnisse, aber auch Weiterentwicklungen und Erkenntnisse erklären könnt. Ihr seid derzeit vollkommen in einem Veränderungsprozess, ausgelöst durch die Nähe der Portale und durch die sehr starken Energien, die dort auf euch wirken.

Eure Sonne hat den intensivsten Kontakt zu dieser Energiestraße und wird von ihr immer wieder genährt und geführt. Viele Monde, wie auch euer Mond, erhalten durch den Kontakt zu ihrer Sonne immer eine Führung und Abhängigkeit in ihrer Daseinsberechtigung. Ein gegenseitiges Unterstützen und Wirken war der Grund für die Schaffung der Monde, die hilfreich für einen zentralen Planeten zur Verfügung stehen sollten. So wurde es geplant und ausgeführt. Ein interessantes Geflecht von unterschiedlichen bewussten Energieeinheiten in einem Miteinander und Wirken in Liebe.

Jeder Planet ist eine eigenständige Energieeinheit, voller Bewusstsein, Verantwortung und Aufgabe für das komplette Universum. Wenn eine Energieeinheit schwächer wurde, hatte sie die Hoffnung, von den Energien der sie umgebenden Planeten weitere Informationen und Energien zu erhalten, um sich zu regenerieren. Regeneration steht an vorderster Stelle für alles, was existiert.

Eine Veränderung bedeutet nicht, dass eine Zerstörung eintritt, sondern ein Energiewandel ist Ursache der Veränderung. So hat sich euer Universum immer weiter verändert, entwickelt und auch ausgedehnt. Die Ausdehnung ist zur heutigen Zeitrechnung schon sehr weit fortgeschritten und hält in einer Regelmäßigkeit an, die euch nur in Staunen versetzen würde, wäre sie euch bewusst. Alles ist gleichmäßig in der Entwicklung, und alles ist gewünscht, bis zu dem Tag, an dem ein Maximum erreicht und alles wieder mit allen Erfahrungen in die Urexistenz eingehen wird. Doch dieser Zeitpunkt ist noch weit weg in der Entwicklung und Planung und heute für euch und alle Energien in eurem Universum nur zu erahnen.

Damit die Planetenenergien sich auch mit Aufgaben der Weiterentwicklung und des Lernens in ihren eigenen Bereichen befassen konnten, hatte jeder Planet einen Planetenauftrag, für den er Energiewesen zugeteilt bekam, die dann auf diesem Planeten existieren und leben durften. So war auch hier eine Symbiose des Miteinanders eingerichtet worden, die für alle Energiewesen ein erstrebenswertes Dasein darstellte. Hohe Energiewesen bekamen die Erlaubnis, auf den Planeten zu inkarnieren und dort Erfahrungen zu machen, so, wie es ihrer Energieerhöhung entsprach. Es war eine bunte Planetenwelt voller Klang und Farben, und die Entwicklung konnte in allen Bereichen fortschreiten.

Das ging so lange, bis die festen Energieformen zu bröckeln anfingen. Auch das Sterben einzelner Energieblöcke veränderte die Harmonie dieser Einheiten. In eurer Galaxie geschahen mehrere, nicht geplante Unfälle, die dieses Miteinander-Wirken in eine Unordnung brachten. Zum einen wurde eure Erde von einem Energiekörper, der sich von seinem Hauptplaneten abgespalten hatte, getroffen, sodass die Erde aus ihrer Umlaufbahn geschleudert wurde. Viele Lebewesen auf der Erde verließen zu diesem Zeitpunkt die Erde für immer, andere inkarnierten später wieder auf der Erde. Ebenfalls war es eine Heftigkeit für alle anderen Planetenenergien, diese Erschütterung wieder in Harmonie zu bringen und die Erde in einem Bereich zu manifestieren, der ihr wieder Sicherheit und eine Umlaufbahn bescherte, die ihr ein weiteres Leben in dieser Galaxie ermöglichte. Es gelang, und voller Liebe wurde viel erreicht.

In einer weiteren Phase des irdischen Daseins geschah es, dass die Erdbewohner durch Fremdenergien aus anderen Galaxien in Versuchung gerieten, Schuld auf sich luden und dadurch für die restlichen Energieformen in eurer Galaxie zu einer Gefahr wurden. So wurde beschlossen, die Erde durch das Eintrittsportal in der Milchstraße in eine niedrige Schwingung und in eine andere Dimension zu verbannen, so lange, bis sich die Lebensformen auf der Erde wieder ihrer Liebe und ihres Ursprungs bewusst wären. Dieser Prozess dauerte länger, als wir alle vermutet hätten. Auch war die Alternative geboren, die Erde in ihrer Daseinsberechtigung komplett auszutauschen, wenn diese Heimkehr nicht möglich würde. Viele Jahre wurde hin und her beraten. Es gab Fürsprecher und auch Gegenstimmen für eine Erhöhung in die alte Position.

Auf Wunsch des höchsten Ältesten in unserem Universum wurde die Erde mit Liebe umgeben. Für die restliche Umsetzung hatten sich die Menschen den Energien auf dem Planeten selbst zu stellen. Und die Hoffnung wurde geboren, dass sich wieder ein Veränderungsprozess in Liebe und hin zum Einem entwickeln konnte. Dieser Prozess begann ganz sanft mit euren Blumenkindern und steigerte sich Jahr für Jahr bis zur heutigen Zeit. Viele Lichter wurden durch euch entzündet, die eure Aura zum Strahlen brachten und von dort aus weiter zu eurer Mutter Erde strahlen konnten. Das brachte eure Erde ebenfalls in die Strahlung, was bis weit ins Universum und in andere Dimensionen ausgesandt und gesehen wurde. So wurde der Erde die Erlaubnis erteilt, das Energieportal in eurer Energiestraße (Milchstraße) wieder zu passieren und ihre alte Position in der Fünften Dimension eurer Galaxie wieder einzunehmen.

Diese Veränderung verlangte euch sehr viel ab, und auch heute haben noch sehr viele Lebewesen auf der Erde Probleme mit der Energieerhöhung. Auch die Energiewesen, die euch in den Abgrund brachten, sind wieder aktiv bei euch wirksam, da sie keinen Aufstieg wollten. Sie fühlten sich in ihrem Hass und ihrem Wirken gegen die Liebe wohl. Auch ihr erlebt derzeit noch diese Energien auf eurer Erde, die euch immer wieder in Versuchung bringen. Doch das Wichtigste, das wir erkannt haben ist, dass es euch immer deutlicher wird, wenn ihr von eurem Weg der Liebe weggeführt werden sollt und ihr dann gegensteuern könnt, wenn der Wunsch bei euch vorhanden ist.

So ist es auf dem Planeten Erde derzeit die höchste Aufgabe zu erkennen, was euch hin zur Liebe führt und was euch von eurer Aufgabe auf der Erde verdrängen möchte.

Werdet wach!

Erkennt die Verlockung und stellt euch ihr in Liebe, damit der letzte Schritt der Erde in dieser Dimension angegangen werden kann.

Euer ganzes Universum, vor allem eure Galaxie, steht kurz vor dem Aufstieg in die Siebte Dimension. Da die Erde wieder in diese Gemeinschaft aufgenommen worden ist, wird euch dieser Aufstieg auch ermöglicht. Doch große Veränderungen in eurem Denken und Handeln sowie an euren Zellen und eurer ganzen Energiedaseinsform sind noch anzugehen. Die in diesem Buch geschilderten Schritte und Wandlungen sind somit die Voraussetzung für den Aufstieg in Liebe.

Alle eure Brüder und Schwestern und eure Galaxie-Gemeinschaftsenergien schauen auf euch und hoffen auf euer Gelingen. Das ist geplant, und wir stehen euch energetisch zur Verfügung.

In den anderen Galaxien eures Universums stehen ebenfalls diese Veränderungen an und bedingen einen Energieschub, der die letzten Unregelmäßigkeiten in Harmonie bringen wird. Das wird derzeit durch die zusätzlichen Existenzen in den einzelnen Galaxien produziert. Es entstehen neue Sterne, Energieblöcke und auch Sonnen, die die Energien erhöhen können und so ein gemeinsames Schwingen in einem höheren energetischen Verband ermöglichen.

Alle anderen Universen, und derer gibt es viele, sehen die Entwicklung eures Universums als eine vorbildlich gesteuerte Veränderung und Erhöhung an, die für Energiewesen in anderen Universen hilfreich und als Lehrmaterial zur Verfügung gestellt werden. Ein einmaliges Erleben in einem Bereich eines Universums ist ein Erleben für alle Universen. So ist das Ziel gesetzt und in Wirkung: Alle für einen, und einer für alle.

Die Erde lebt wieder. Die Sonne entwickelt sich höher schwingend, eure Energiestraße öffnet sich für die nächste Erhöhung, und das ganze Universum verändert sich in Zeit und Raum. So wird es sich die nächsten zwanzig Jahre entwickeln, trotz all eurer Fragen und Hemmnisse. Vertraut und lasst alles Dunkle sich nicht mehr bei euch ausbreiten. Werdet zu einem Weltenbürger eures Universums, und geht den Weg der Liebe.

X. Das Amadeii-Universum –
Altatlantis und die Auswirkungen im Hier und Jetzt

Auch unsere Energien wurden in einem für euch fremden Universum geboren, und lange Zeit wirkten wir
in einem Universum der reinen, kristallinen Formen. Struktur,
Klarheit, Klang und Farben beinhalteten die Energien, aus denen wir geformt wurden und in denen wir uns studierten und
weiterentwickelten, bis unsere Erhöhung fast in die Nähe des
Schöpfers kam. Alles wuchs aus einer Energie und erhielt im
Schutz der kristallinen Klärung eine Entwicklung, die einmalig
war. Ein Wachstum voller Stärke und voll auf Empfang für andere Seiten gerichtet.

Wir (Amadeii) sind reine, kristalline Energie, die im Vordergrund auf Struktur, Heilung und Weiterentwicklung ausgerichtet
wurde. Unsere Planeten sind in einer kristallinen Grundstruktur
geformt und nicht, wie ihr es gewohnt seid, in einer rundlichen
oder elliptischen Form. Die Anordnung unserer Planeten ist ihrer Wirkung nach aufgereiht, damit sie sich gegenseitig erhellen und klären, aufladen und bereichern können. So gibt es in
unserem Universum viele kristalline Planetenstrukturen und
einige wenige kristalline Sternenformationen, die alles erhellen
und bereichern.

Unser Universum wird auch von einer Sonne gesteuert, als
Mittelpunkt allen Seins in unserem Bereich, ebenfalls im Mittelpunkt eures Universums platziert. Doch unsere Sonne ist keine
hitzeausstrahlende Energieform, sondern eine Kühle und Klärung aussendende Lebensform, die in allen Farben des Universum erstrahlt und Klärung und kristalline Energien der Transformation zu ihren Planeten sendet. Alle Planeten befinden sich in
gleicher Entfernung zu unserer Sonne, und alles kreist in einer
Einheit, ohne unterschiedliche Stärke und Geschwindigkeit, zusammen mit der Sonne in einem gleichen Rhythmus, ähnlich
einem Ball, der seinen Mittelpunkt fest fixiert hat.

Unser Universum sieht im All auch nicht dunkel, sondern kristallin hell, weiß und immer strahlend und glitzernd aus. Es ist eine wahre Bereicherung, sich in unserem Universum treiben zu lassen und diese Energien der Klärung und Reinigung auf sich wirken zu lassen.

Wir selbst sind rein energetisch, kristallin, hell strahlend und kühl. Durchscheinend in unserer Daseinsform, und als eine Wesenheit der Gemeinschaft sind wir in unserem Wirken mit allem verbunden, was in unserem Universum wirkt und existiert.

Wir haben auch Bereiche der Freude, in denen wir uns ausruhen und in uns zurückziehen können. Diverse Bereiche sind ähnlich wie eure Parks, doch nicht so lebend und pulsierend, wie ihr es gewohnt seid. Unsere Blumen wachsen in kristalliner Form, klingen kühl und sind ebenso als kühl zu berühren. Sie versprühen keinen Duft, doch ihr Klang erfreut eine Lebensform in unserem Universum, denn der Klang ist rein, hell und durchdringend bis in die letzten Kristalle unseres Daseins.

Unser Wirkungsbereich besteht aus vielen Kristalltempeln, in denen die kristalline Energie auf die zu heilende Wesenheit in allen Farben und Klängen wirkt, die für die Heilung der Existenz notwendig ist. Unser Wissen erhalten wir durch kristalline Energietafeln, die das komplette Geschehen rund um unsere Planeten, aber auch anderer Planeten und Welten beinhalten. Durch den mentalen Kontakt mit diesen Energieplatten wird alles Wissen in unseren Geist übertragen und dort für immer verankert und für unsere Weiterentwicklung ausgewertet und benutzt.

Erhöhungen und Erniedrigungen des geistigen Seins von unseren Wesenheiten wird in gezielt dafür vorgesehene Heiltempeln mittels Kristallmuster und Klängen eingeleitet, zum Wohl der Energieform, die diese Heilung benötigt.

Auch gibt es in unserem Universum Zentren der Erholung und der inneren Einkehr. Hier schwingen Kristallklänge in unterschiedlichen Stärken und Oktaven in den Erholungsräumen und regenerieren unsere Struktur und unsere Energie.

Ausruhen, wie ihr es mittels Schlafen kennt, ist bei uns nicht gegeben. Wir regenerieren uns in der Harmonie und Energie des Klangs. So sind wir immer präsent für unsere Entwicklung und als Hilfe für alle Energieformen jederzeit verfügbar.

Unsere Vermehrung findet ebenfalls rein durch den Geist statt und wird als gedankliches Muster in kristalline Form gesetzt. Dann ist das Wachstum ein Vorgang, der je nach Energiezuführung in unterschiedlichen Zeiten und Entwicklungen starten kann. Alles wird uns von dem Einen gegeben, unsere Energie und unser Dasein sowie unsere kristalline Einheit. Doch wir wirken täglich in diesem Bewusstsein und sind in einer engen Verbindung mit dem Einen, der durch uns viele Informationen über seine Kinder, das heißt, von allen Lebensformen unserer und anderer Universen erhält.

Wir laufen nicht, sondern schwingen und fließen im Licht, um uns fortzubewegen. Auch benötigen wir für unsere Weiterentwicklung kein Essen, sondern reine Energie. Emotionen sind uns ebenfalls nicht bekannt, nur Klarheit und Struktur. Doch haben wir auch freudige Momente in unserem Dasein, die sich für uns nur anders darstellen. Diese Momente klingen in uns als Klang, und unsere kristalline Form verändert sich dann in ihren Farben. Es sind immer Momente der Freude, wenn ein kristallines Wesen im Licht sich verändert und in Liebe auflebt.

Unsere kristallinen Energien wurden in anderen Universen aufgrund unserer Erfahrungen immer wieder für die Heilung und die Erhöhung aller Energieexistenzen eingesetzt, die in den Universen zu finden waren. Auch Übertragungen und Energiepotenzierungen stellten wir anderen Universen als Wissen zur Verfügung, und in vielen Bereichen wird heute allein durch die Kristallenergie gewirkt und verändert.

Hohe Energiewesen aus anderen Universen werden oft in unseren Heiltempeln in Heilung und Transformation unterrichtet. Doch das ist nicht so einfach, da in unserem Universum für viele Energiewesen keine lebensfähige Atmosphäre existiert. Es erhalten nur die Feinstofflichsten der Energiewesen, die allein durch Licht existieren und sich mental schwebend weiterbewegen können, die Chance, unsere Daseinsformen und Methoden der Heilung und Transformation zu studieren.

Meistens tragen wir unser Wissen in andere Universen, damit die Kenntnisse vor Ort gelehrt werden können. Der Austausch und die Unterweisung erfolgen auch hier rein mental.

Einer der Planeten, der von uns unterwiesen wurde, gehört zu dem namenhaften Planeten Altatlantis. Dieser Planet dürfte aus dem alten Bewusstsein her einigen von euch bekannt sein. Der Planet Altatlantis, der heute nicht mehr existiert, wurde komplett durch die Kristallenergie entwickelt und geprägt. Die Energiewesen, die Altatlanter, die sich durch die Kristallenergie weiterentwickelt und darin gewirkt haben in ihrem Sein, wurden vor Äonen von Jahren mit der Wahrheit konfrontiert, dass die Energie von Alatatlantis sich umwandeln und wieder zurück in die Urexistenz geführt werden sollte und somit der Planet seine Existenz aufgeben würde.

Da die Altatlanter ein Entwicklungsniveau erreicht hatten, in dem alle Aufgaben erfüllt und alle Erfahrungen gemacht worden waren, war die Krönung dieses Abschlusses die Auflösung des Planeten Altattlantis und die Rückführung der Energien in die Urenergie des Seins.

Viele Energiewesen, die dort wirkten, waren aber noch nicht bereit, ihre Lernentwicklung zu beenden, und machten sich auf die Suche nach einem neuen Lernplaneten, der ihren Wesenheiten die Existenz und die Weiterentwicklung unter neuen Voraussetzungen ermöglichte. Die Altatlanter fanden eure Erde, ließen sich auf ihr nieder und brachten sehr viel an Wissen mit auf die Erde.

Dieses Wissen ist noch immer in euren atlantischen Seelen gespeichert, die derzeit verstärkt auf eurer Erde inkarniert sind, und wird sich euch durch euren Geist langsam wieder erschließen und in euer Bewusstsein kommen, damit ihr Heilweisen und Transformationsprozesse aus der alten Zeit wieder anwenden könnt.

Ihr werdet dadurch für eure Galaxie ein wertvoller Partner in der zukünftigen Entwicklung eures Universums werden, allein durch das Wissen über die Kristallenergien und ihre Verwendungsmöglichkeiten.

Heute existieren die altatlantischen Seelen in großer Anzahl wieder auf eurer Erde. Ihre Seelen sind mannigfaltig derzeit wieder bewusst bei euch inkarniert, um die Veränderung zu unterstützen.

Auch die Amadeii-Energien, die aus einem reinen, kristallinen Universum kommen, wurden aus diesem Grund hier in euer Universum gerufen, und wir sind hocherfreut, unsere alten Normen und Energien hier wiederzufinden.

Andere Universen haben Entwicklungen durchgemacht, die derzeit mit eurem Universum noch nicht kompatibel sind. Hier wird in Zukunft eine Zusammenarbeit gesucht, die sich auf der Basis des Miteinanders aufgrund des Seins aufbauen wird. Hierzu später weitere Details, wenn ihr dafür offen seid.

Doch vertraut darauf, dass der Kontakt mit anderen Universen und ihren Energieformen eine Bereicherung für euch alle sein wird. Fangt bitte im Kleinen bei euch an. Nehmt jeden und alles, was auf eurer Erde anders geartet ist als ihr, so an, wie es ist, ohne Vorurteile und Ausgrenzung. Das wird der erste Schritt hin zu einer Annäherung an andere Energieformen in eurem Universum und in anderen Universen sein. Denn die anderen Energieformen werden euch noch oft in die Überforderung bringen, wenn ihr sie erkennen dürft. Sie sind so anders in ihrem Dasein, dass sie für euch emotionale Höhen und Tiefen hervorrufen können. Darum bitten wir euch: Übt bei euch im Kleinen, damit ihr euch von einem Erdenbürger zu einem Weltenbürger entwickeln könnt.

XI Ausgesuchte Live-Channelings von Amadeii, durchgegeben auf Messen und Festivals

1. Mangelbewusstsein mit anschließender Heilmeditation

Seid in der Liebe und seid gegrüßt, liebe Menschenkinder. Voller Erwartung habe ich den Tag herbeigesehnt, an dem ich Kontakt zu euch herstellen kann. Den Kontakt zu jedem Einzelnen von euch. Ihr, die ihr doch alle so verschieden und doch in der Einheit gleich seid. In eurer Substanz und in eurer Daseinsform seid ihr alle aus der einen Energie. Und so ist es mir eine Freude, euch heute hier begrüßen zu dürfen und euch meine Energien zukommen zu lassen.

Kommt in eure Mitte und vertraut auf das, was ich euch nun zu verkünden habe.

Es ist ein Wissen für euch! Und es ist eine Veränderung, die derzeit in euch stattfindet, die so manchen voller Ratlosigkeit und Fragen zurücklässt. Doch seid auch dort in Demut und im Vertrauen, dass die Veränderungen, die derzeit bei euch stattfinden, eine Notwendigkeit sind, damit sich alle eure Zellen, alle eure körperlichen und feinstofflichen Bereiche anheben und verändern können, um sich der Neuen Zeit anzupassen. Die Neue Zeit, die für alle eine Erlösung in Frieden und Liebe sein wird.

So erkennt die Hauptaussage, das eine Thema, das bei euch allen zu finden ist. Geht in euch und erkennt die Einmaligkeit in euch und das, was euer Geist nicht immer in der Lage ist, wahrzunehmen. Das, was euer Verstand euch immer wieder kleinreden möchte. Erkennt, was ihr seid! Lasst euch nicht alle eure Besonderheiten von eurem Verstand kleinreden, der euch in eine Minderwertigkeit lenken möchte.

Ihr seid nicht minderwertig. Erkennt die Regungen in euch, die immer wieder versuchen, euch in unterschiedlichen Facetten herunterzuziehen. Seht den Mangel, den ihr empfindet. Der Mangel, der in Wirklichkeit kein Mangel ist, aber durch euren

Verstand immer wieder aufgebaut wird, damit ihr von der wirklichen Wichtigkeit in eurem Leben abgelenkt werdet.

Ein Mangel fördert das Herunterziehen eurer Gedanken. Eine Begierde wird geschaffen, um diesen Mangel zu verändern, hin in die Fülle. Erkennt, dass ihr die Fülle in euch habt. Und wo immer euch ein Mangel bewusst wird, seht ihn euch an, sprecht ihn an und sagt: „Nein, ich habe keinen Mangel. Ich lebe in der Fülle."

Mangel ist nur eine gedankliche Formation und keine wirkliche Realität. Fragt euch bei eurem Mangel: „Was soll er mir bewusst machen? Was ist überhaupt dieser Mangel, was zeigt er mir?" Betrachtet den Mangel, und ihr werdet erkennen, dass er in Wirklichkeit nur gedanklich aufgebaut wurde.

Nur euer Vergleichen mit anderen Menschen kann ein Mangel in euren Gedanken erzeugen. Ich bin nicht so wie mein Nachbar, ich verhalte mich anders als meine Freundin oder mein Nachbar. Ich bin kleiner, ich bin größer. Ich bin es nicht wert. Ich habe dieses nicht, und ich habe jenes nicht. Erkennt in eurem Denken, dass nicht der Mangel das Problem ist, sondern euer Vergleichen und Bewerten.

Seht euch eure Gedanken des Mangels an und erkennt den Hintergrund. Ein Mangel in euren Gedanken hat seinen Grund. Er soll euch auf die Wertigkeit eurer Gesellschaft aufmerksam machen. Eine Wertigkeit, die künstlich erzeugt worden ist.

In anderen Leben gab es diese Wertigkeit in vielen Bereichen nicht, und es gibt auch heute viele Menschen und Völker, die diese Wertigkeiten und dieses Mangeldenken nicht leben.

Erkennt bitte, dass ihr durch dieses Mangeldenken von eurem eigentlichen Weg abgelenkt werden sollt, dem Weg zu eurer Größe, zu eurem Strahlen.

Wenn ihr erkennen würdet, wie groß und hell ihr in Wirklichkeit seid, hättet ihr kein Mangeldenken mehr in euch. Doch dieses Denken soll euch vom Weg abführen, ablenken, damit ihr eure Größe nicht erkennt.

Es ist eine Zeit, die euch die Kriterien aus vielen anderen Zeiten sowie eure Generationsthemen deutlich machen soll. So seid gewiss, es ist eure Aufgabe zu erkennen, was immer derzeit sich bei euch gedanklich manifestieren möchte. Stellt es in Frage! Fragt euch, was es euch zeigen soll und was ihr daraus lernen könnt.

Es geschieht nichts zufällig, alles ist geplant, und alles ist Gesetz. So soll es sein, und so wird es in nächster Zeit bei euch immer wieder geschehen.

Es ist eine Zeit der Veränderung, der Klärung und der Reinigung. Und das Mangeldenken ist ein wichtiger Aspekt, der derzeit bei euch der Klärung bedarf.

Manche Emotionen wallen aufgrund dieser Thematik immer wieder bei euch auf. Nehmt es an! Bewertet euch nicht, verurteilt euch nicht in eurem Handeln und Denken. Seid in Liebe zu euch, denn Liebe ist im Vordergrund der erste Schritt, damit ihr in die Veränderung gehen könnt.

Wir sind derzeit aktiv in den veränderten Energien wirksam, die wir zu euch auf die Erde schicken. Es ist eine spannende Zeit für alle. Für uns, die wir, wie ihr das so nennt, hinter dem Schleier zu finden sind, weil ihr uns nicht sehen könnt. Und eine spannende Zeit für euch, weil ihr die Veränderung bis in die kleinsten Zellen in eurem Körper spüren und erdulden müsst, bis sich die Veränderung bei euch manifestieren kann.

Wenn ihr euer Strahlen in der feinstofflichen Ebene sehen könntet, wenn ihr eure Aura strahlen sehen könntet, wärt ihr voller Zuversicht, dass ihr besondere Wesen mit besonderen Aufgaben seid. Ihr würdet erkennen, dass ihr keinen Grund habt, an euch zu zweifeln. Ihr seid etwas Besonders, ihr seid lichtvoll, ihr seid stark in euren Führungen und Veränderungen.

Doch eure körperliche Hülle bindet euch nicht so an die universellen Energien, wie es bei uns in der Feinstofflichkeit der Fall ist. Und so sind eure Wege mühsamer und eure Veränderung schwerer zu erkennen.

Doch vertraut! Alle, die sich in diesem Raum befinden, auch wenn die Zweifel noch so stark sind, begeben sich auf den Weg der Veränderung. Ihr seid auf dem Weg der Veränderung, mit allen Höhen und Tiefen. Ihr seid in der Veränderung, auch wenn ihr daran zweifelt. Wir stehen neben euch und helfen euch immer wieder, eine neue Hürde zu überwinden. Und wann immer ein Zweifel bei euch stark ist, wann immer eine Hürde für euch unüberwindbar erscheint, senden wir euch Hilfe in unterschiedlicher Form.

Wir geben euch Informationen und Hilfe, oder wir schicken euch einen Menschen, der euch an die Hand nimmt oder euch durch Worte Mut zuspricht und euch dadurch wieder ein Stück weiter auf den Weg in eine neue Entwicklung bringt.

Es ist eine heftige, eine wichtige Zeit, nicht nur für euch, sondern es ist eine Zeit, die das ganze Universum in die Veränderung bringt. Und euer Weg der Veränderung strahlt weit über diesen Raum hinaus ins Universum und bringt Veränderungen, die ihr nicht einmal erahnen könnt.

Ihr seid sehr wertvoll für diesen Veränderungsprozess. Ohne euer Erwachen, ohne euren Weg, den ihr finden werdet, ohne eure Zweifel und Auflösung in Liebe, ohne das wäre diese Veränderung nicht denkbar.

Deshalb seid gewiss, dass alle eure Zweifel, alle eure Erniedrigungen in eurem Denken, all euer Mangel künstlich gesetzt sind und ihr daran wachsen könnt, indem ihr erkennt und verändert. Ihr seid perfekte Wesen, ihr habt keinen Mangel. Wenn ihr euch selbst findet und in euer Licht hineingeht, werdet ihr die Stärke in euch finden.

Erkennt auch die derzeitigen Energien, die zu euch kommen, die Sonnenaktivität, die ihren Sinn hat und vor der ihr euch nicht zu fürchten braucht. Die Sonne ist eure Mutter, und eine Mutter sorgt für ihre Kinder und würde sie nie verbrennen.

Diese Sonnenaktivitäten sind notwendig, um auf der Erde eine Erhöhung der Energiefrequenz zu stabilisieren. Durch diese veränderte Frequenz kommt auch ihr wieder in neue Schwingungen. Und diese neuen Schwingungen erhöhen euch. Sie sind für euch wertvoll. Erfreut euch an jeder Sonnenfrequenz, die ihr erleben könnt.

Sollte euer Körper bei unterschiedlichen Situationen mit Unruhe, Kribbeln der Haut, nächtlicher Schlaflosigkeit oder innerer Unzufriedenheit reagieren, so sagt: „Halleluja, ich erkenne es, und ich bin dabei. Durch diese Frequenzerhöhung, die ich an meinem körperlichen Anteil spüre, ist mir bewusst, dass ich mit in der Veränderung bin."

Viele Menschen, die mit ihrem Empfinden noch nicht in dieser Feinstofflichkeit sind, erleben diese Veränderungen nicht so wie ihr. Je feinstofflicher ihr seid, desto bewusster reagiert euer Körper. Freut euch darüber und seid nicht ungehalten oder unzufrieden mit den körperlichen Symptomen. Euer Körper befindet sich in einem riesigen Veränderungsprozess, und eure Nervenbahnen knüpfen neue Verbindungen, damit ihr eingehen könnt in die Neue Zeit.

Alle hier Anwesenden haben eine Aufgabe in der Neuen Zeit. Vertraut darauf, ihr seid dabei und lasst allen Mangel, der sich bei euch gedanklich manifestieren möchte, der Vergangenheit angehören. Erkennt euren Wert und dass ein Mangel nur ein Zeichen ist, das Ganze in Fülle umzuwandeln. So sind wir voller Freude und Hoffnung, euch dieses heute mitteilen zu dürfen.

Damit ihr euch auch körperlich in eine Veränderung begeben könnt, möchte ich jetzt mit euch eine körperliche Veränderung einleiten.

Heilmeditation

Gehe in dich, atme tief ein und aus, ein und aus. Während du tief in deinen Körper hineinatmest, erkennst du, wie sich über dir ein Licht auftut. Eine große Energiebahn baut sich über dir auf – es ist eine Anbindung an das Universum, die nun für dich stattfindet. Atme ein und aus und ziehe dieses universelle Licht bei jedem Atemzug in deinen Körper hinein.

Atme ein und aus und komme in die Ruhe und in deinen Frieden. Ziehe das universelle Licht in dein Herz hinein, in das Zentrum, den Wohnort deiner Seele. Lass mit jedem Atemzug universelle Energie in die Seele strömen und dein Herz immer größer werden und erstrahlen.

Erkenne deine Seele. Erkenne die Größe und Stärke deiner Seele, denn du bist nur im Körperlichen von den universellen Energien abgebunden. Doch deine Seele weiß um deine Herkunft. Und während deine Seele sich ausbreitet und immer stärker wird, lass das universelle Licht durch deinen Körper zu deinem Sakralchakra fließen, das sich unterhalb deines Bauchnabels befindet.

Schicke dort viele Liebesenergien hin. Ziehe mit jedem Atemzug die universellen Energien hinunter, weite dein Sakralchakra immer stärker aus und erkenne die Basis deines menschlichen Seins. Von der Zeugung an bis zum siebten Lebenjahr. Erkenne die Stärke, die dir mitgegeben wurde. Erkenne, was du bist. Du bist göttlich, du bist lichtvoll, du bist Strahlen.

Mit jedem Atemzug wird dein Sakralchakra stärker. Gib Frieden hinein. Gib Frieden in deine Zeugung und in deine Kindheit. Stelle in diesem Bereich liebevoll deine Erzeuger rechts und links neben dich. Schaue sie liebevoll an und danke ihnen, auch wenn du vielleicht heute mit ihnen im Groll bist. Im Moment deiner Zeugung waren sie in Liebe, und nur das zählt ab jetzt für dich.

Du bist in der Vereinigung deiner Erzeuger in Liebe gezeugt. Und als solches bist du etwas Besonderes. Du bist Liebe, und in dieser Liebe wirkst du weiter in der Zukunft.

Nimm wieder einen tiefen Atemzug universeller Energien und bringe so dein Sakralchakra in Schwingung. Lass es wachsen und immer größer werden. Denn du bist Strahlen. Alle Verletzungen in diesen Bereichen ziehen wir aus deinem Sakralchakra heraus. Visualisiere diese Verletzungen. Ziehe sie heraus und gib sie nach oben in das universelle Licht. Lass diese Verletzungen dich nicht weiterhin kleinhalten. Verabschiede alles, was dich bewusst klein-

machen sollte, weil du göttlich bist und keinen Grund hast, dich ungeliebt und klein zu fühlen. Ziehe diese Energie aus dir heraus und lass an ihrer Stelle universelle Liebesenergie fließen.

Mit einem weiteren Atemzug ziehst du universelle Energien in deinen Solarplexus, der sich über deinem Bauchnabel befindet. Ein Bereich, in dem sich deine Emotionen manifestieren. Atme tief universelle Energie in deinen Solarplexus und lass zu, dass sich Ärger, Kummer und Verletzungen, die sich dort manifestiert haben, mit diesem Atemzug aktiviert werden und sich aus dem Solarplexus herausziehen lassen. Lass sich alles zu einem Ball formieren. Den Ball umschließt du mit Liebe und gibst ihn dann in den universellen Strahl mit der Bitte um Transformation. Alle Verletzungen der Vergangenheit möchten verabschiedet werden, damit sie deinen Weg nicht mehr manipulieren oder stoppen.

Du bist göttliches Licht, und als solches verabschiedest du diese Emotionen und kommst auch in diesem Bereich ganz in deine Liebe. Atme wieder universelles Licht und Liebe in deinen Solarplexus und lass ihn wachsen und größer werden. Erkenne, wer und was du bist und komme in die Liebe.

Nimm wieder einen Atemzug von dem universellen Licht in dein Herzchakra und verbinde es mit dem Solarplexus und dem Sakralchakra zu einem großen, strahlenden Chakra. Lass es wachsen und erstrahlen. Ziel ist es, diese drei Chakren zu vereinen und zu einem großen Chakra erblühen zu lassen.

Schicke liebevolle Gedanken über dein Wurzelchakra zu Mutter Erde. Grüße Mutter Erde und bitte sie, dir Liebesenergien von ihr zu senden, damit du von unten gestärkt wirst. Spüre die Wärme, die Mutter Erde dir sendet. Empfange diese Energien, die über deine Füße und über dein Wurzelchakra in deinen Körper fließen.

Während du diese Energien spürst, sende Energie von deinem geöffneten großen, gemeinsamen Herzchakra ins Universum und bitte um Anbindung der Energien von Mutter Erde zu den Energien des Universums. Dann bitte darum, diese Energien *zu dir fließen und dich in einem Strahl von oben nach unten und zurück erblühen zu lassen.*

Spüre die Energien. Lass sie in dir wirken. Werde immer größer und stärker in diesen Energien. Schwinge in ihnen, sei kraftvoll. Werde Kraft und Licht.

Während die Energien über deinen Körper hinaus in deine Feinstofflichkeit strahlen, öffne dein Herzchakra nach außen, lass diese geballten Energien, die nun in dir sind, nach außen dringen. Lass sie sich in deinem Körper sammeln und dann aus deinem Körper heraus in diesen Raum strahlen. Lass sie sich über diesen Raum hinaus in deine Umgebung und weiter über die Erde verteilen. Die ganze Erde wird erfasst von diesen Energien, und sie strahlen weit hinaus ins Universum.

Spüre, wie stark du dein Licht wirken lassen kannst. Erkenne dich, du strahlendes Wesen. Du bist mehr als deine körperliche Hülle, die dir so bewusst ist. Du bist ein strahlendes Licht hier auf Erden. Und als solches bist du stark und wirst heil.

Während nun dein Licht ins Universum strahlt, lenke deine Aufmerksamkeit in einen Bereich deines Körpers, der der Heilung bedarf, und schicke Licht dorthin. Lenke die Heilung zu der Stelle, die geheilt werden möchte, und lass Heilung geschehen. Spüre die Wärme, die Stärke, deine kraftvolle Energie. Gib die kraftvolle Energie der Heilung in dich hinein.

Du bist stark und kraftvoll. Du kannst dich selbst heilen, indem du dir diese Energien immer wieder bewusst machst und sie aktivierst. Ich manifestiere nun diese Energien von oben über dein Scheitelchakra in dein Herzchakra, indem ich ein kleines Licht dort hineinpflanze. Und mit einem Atemzug bist du in Zukunft in der Lage, dieses Licht als Hilfe zu aktivieren und an die Basisstelle zu schicken, in der für dich Heilung stattfinden soll.

Sei in der Zuversicht. Du kannst mit diesem Licht heilen. Du hast keinen Mangel. Du bist in der Heilung, und du kannst heilen.

Nun schicke ich meine AMADII-Energien noch zusätzlich in deinen Körper, deinen Geist und deine Seele. Spüre die Kühle, die sanft über dich kommt. Eine kühle, reinigende Energie, die für dich Veränderung transformiert. Lass es geschehen. Empfange meine heilende Kühle, ich manifestiere sie in deinen Körper. So soll es sein.

Habt Dank für eure Anwesenheit. Habt Dank dafür, dass ich zu euch sprechen durfte. Ein Halleluja für die Veränderung in der Neuen Zeit, denn sie ist lohnenswert.

Wir freuen uns auf die Neue Zeit mit euch.

2. Polarität, Blockaden und Emotionen mit anschließender Heilmeditation

Seid gegrüßt, ihr Menschenkinder. Voller Freude registriere ich die Zahl der hier Anwesenden und werde bestrebt sein, in jedem Einzelnen von euch die Veränderung zu manifestieren, die noch einer Veränderung bedarf.

Es ist gewünscht, und es ist die Zeit, hier und jetzt zu klären, was in eurer Daseinsform noch zu klären ist. Ihr Menschenkinder in den alten Energien, ihr, die ihr die Polarität noch voll ausleben konntet, seid euch bewusst: Diese Polarität wird von euch gelebt und gewirkt. Ihr seid Polarität, und Polarität ist die Erfahrung, die eure Seele in diesem Leben, in dieser Inkarnation mit euch erleben wollte.

Darum seid im Vertrauen, dass die Polarität in allen euren Erfahrungen etwas Positives ist. Und dass der Nährwert aus euren Erfahrungen für alle anderen Energieformen in anderen Galaxien und Universen richtungsweisend sein wird. Denn diese Form der Erfahrungen ist nur bei euch auf der Erde möglich.

Erkennt die Bereiche, die euch die Polarität zum Ausleben ermöglicht. Ihr habt ein Zentrum in eurem Körper, das manifestiert wurde, um eure Emotionen voll erleben zu dürfen und zu lassen. Eure Emotionen, die richtungsweisend sind für alles, was ihr erlebt. Eure Emotionen sind Liebe und Wut, sie sind Wissen und Nicht-Wissen und Fügen und Nicht-Fügen. Eure Emotionen sind Vertrauen und Angst. Und eure Emotionen sind so viel mehr, das ihr im Rahmen der Polarität erleben könnt.

Es ist eure Aufgabe, diese Gefühlshöhen und -tiefen in Einheit und Liebe zu bringen, damit ihr in der Zukunft nicht in Aggression, Wut oder Angst lebt. Die Angst löst sich auf. Ebenfalls Wut und Ärger, wenn ihr erkennt, dass es Blockaden in eurem Leben sind, die euch von eurem eigentlichen Weg abbringen wollen. Der Weg wäre einfach, wenn die Verloxkung der Emotion nicht wäre. Doch es war hier gewünscht, und so ist es eure Aufgabe, euch diesen Emotionen zu stellen. Erkennt: Was immer in euch durch eure Emotionen oder durch euren Verstand aktiviert wird, wird von euch gefordert und gelebt. Und nur die Bereiche, die für euch sprechen und bei euch anklingen, können euch zu einer Emotion verleiten.

Ihr seid der Bereich, der anklingt und die Emotion zur Folge hat. Ihr seid Thema, und so seid bereit, euch eurem Thema zu stellen. Erkennt eure Themen bitte nicht als Schwachstelle, sondern als eine liebenswerte Eigenschaft, die ihr benötigt, um in die Veränderung zu gehen. Denn wenn ihr Wut erlebt und den Auslöser veranlasst, sich zu verabschieden, ist die Emotion Wut für diesen Teil bei euch nicht mehr vorhanden. Also ist es eure Aufgabe, eure Themen zu erkennen und sie euch anzuschauen. Sie in Liebe und ohne Verurteilung zu betrachten. Euch mit eurem Thema so anzunehmen, wie ihr seid. Und dann auf dieser Basis das Thema in Liebe zu verabschieden, das heißt, die Kraft dieser Energie von einer aggressionsartigen Emotion zu einem Lächeln zu verändern, hin zur Liebe. Das ist die Traumveränderung, die wir uns von euch wünschen und die von euch ebenfalls gewünscht wird. Es ist ein schwerer, ein weiter Weg, der nicht von jetzt auf gleich beschritten werden kann.

Doch vertraut, alle Hilfen der Geistigen Welt stehen euch zur Verfügung. Vertraut, dass ihr, wenn ihr um diese Hilfe bittet, alle Hilfe bekommt, die ihr benötigt. Denn es ist unsere Aufgabe, neben euch zu stehen und euch auf eurem Weg zu geleiten. Es ist ebenso unsere Aufgabe, euch Blockaden in den Weg zu legen, wenn eure geistige Entwicklung noch nicht so weit gediehen ist, dass ihr den nächsten Schritt gehen könnt. Weiterhin ist es manchmal unsere Aufgabe, durch Krankheitssymptome eine Barriere in eurem aktiven Leben aufzubauen, um euch in den Stillstand und in die Ruhe zu bringen, damit ihr Gelegenheit habt, euch und eurer Leben zu überdenken.

Alles hat seinen Grund, und es gibt keine Zufälle, egal, was euch zuteil wird, egal, was euch zustößt. Vertraut darauf, dass alles, wirklich alles, seinen Grund hat. Und wenn ihr euch der Blockade widmet, die euch den Lebensweg blockiert, sodass ihr euer altes Leben nicht weitergehen könnt, fragt euch: „Hatte mein Leben bis jetzt einen Sinn, so, wie ich es bis jetzt gelebt habe? Kann ich es so weiterleben? Ist das gut für mich, oder hat es seinen Grund, dass ich mein Leben verändern kann und muss?"

Vertraut dann auf die Hilfe, die neben euch steht. Oft kommen Ängste in euch hoch, wenn ihr eure Strukturen und euer herkömmliches Leben verändern sollt. Vertraut auf die Hilfe, die um euch ist, und ruft sie an. Sie wird euch liebevoll an die Hand nehmen. Sobald die Barriere, die euch den Weg versperrt, ihren Sinn verloren hat, weil ihr zu euch gefunden habt, wird sie sich in Nichts auflösen, und euer Weg geht weiter bis zur nächsten Barriere, die ebenfalls ihren Grund hat. Und bei all diesen Geschehen schaut auf eure Emotionen, denn diese sind die größten Blockaden in eurem Leben. Die größten Hindernisse, die ihr euch denken könnt.

Wir in der Geistigen Welt kennen diese emotionalen Blockaden nicht, da wir nicht in der Polarität leben, und es ist für uns allemal schwierig zu erkennen, wie ihr euren Weg finden müsst. Oft haben wir tiefe Bewunderung für euch, wie ihr alle Blockaden Stück für Stück aus dem Wege räumt, mit Höchstanstrengung und kraftvoller Energie.

Die Blockaden und Emotionen werden von euch selbst geschaffen. Wann immer euer Gedankengut so ist, dass eine Entwicklung in eine falsche Richtung gehen kann, wird sie heftig werden in ihrem Wirken, und auch eure Emotionen werden heftig. So ist die Polarität in diesem eurem Leben eine der höchsten Aufgaben, die ihr zu lösen habt. Vertraut darauf: Ihr könnt sie alle lösen. Und wann immer ihr euch fragt: „Woher weiß ich, welcher der richtige Weg ist oder wie ich den richtigen Weg zu gehen habe?", dann hört auf eure innere Stimme, auf eure Intuition, denn diese werden von der Seele genährt. Und eure Seele weiß, was gut für euch ist. Eure Seele ist der stärkste Wegbegleiter in eurem Leben. Vertraut auf sie. Sie ist in Liebe nur für euch, und wenn ihr euch auf eure Intuition verlasst – das ist der erste Gedanke am Morgen, der erste Gedanke bei einem Problem, der erste Gedanke bei einer Aufgabe –, dann vertraut, dass ihr in der Lage seid, eure Themen aufzulösen und zu verabschieden.

Heilmeditation

Nun möchte ich mit euch eine Auflösungssituation herstellen, um ein Thema, das jeder Einzelne für sich als besonders erachtet, anzusehen und zu verabschieden.

Ich bitte dich, deine Hände oberhalb deines Bauchnabels zu legen und alle Energien von deiner Seele, von deinen geistigen Führern, von deinem Spirit und auch von mir durch deine Hände in diesen Bereich fließen zu lassen. Vor deinem geistigen Auge tut sich ein Raum auf mit vielen Türen. Atme dich in diesen Raum. Es ist der Raum in dem Bereich, den deine Hände spüren. Wende dich einer Tür zu, die dich besonders anspricht. Stelle dich vor diese Tür. Bitte deinen Schutzengel um Begleitung, wenn du diese Tür öffnest und in den dahinterliegenden Raum gehst. Bitte ihn um Begleitung, Betreuung und Schutz.
Nun hab den Mut und das Vertrauen und öffne die Tür. Tritt ein und stelle dich der Situation, die du in diesem Raum erlebst. Ist es eine Emotion oder ein altes Geschehen? Was immer du hier erlebst, sei dir bewusst, dass du beschützt bist und dir nichts geschehen kann. Stelle dich dem Gefühl und der Erfahrung. Schicke liebevolle Gedanken zu dieser Erfahrung und lass sie im Licht rotieren. Und dann sei bereit, sie in Liebe zu verabschieden, damit sie in der Gegenwart und in der Zukunft keinerlei Kraft mehr für dich hat. Sollte sich die Emotion noch nicht aufgelöst haben, schicke abends, wenn du in der Ruhe bist, liebevolle Gedanken in die Situation oder Emotion und bitte die Geistige Welt um Hilfe, die Erfahrung für dich in Liebe aufzulösen.

Wenn es funktioniert hat, kann es sein, dass du dich schon leichter fühlst. Jetzt wende dich bitte aus diesem Raum heraus, schließe die Tür und erkenne, dass der Raum mit den vielen Türen plötzlich keine Türen mehr, sondern sich weit ausgedehnt hat. Er hat sich verändert, weil du dich verändert hast. In dir ist ein Teil verändert worden, der dich belastet hat.

Öffne deine Hände weit und lass bewusst Energien von Mutter Erde über deine Füße in deinen Körper fließen und deinen ganzen Körper kraftvoll erfüllen. Werde stark in den Energien von Mutter Erde, fühle dich als Teil von ihr.

Nun lass von der Geistigen Welt heilende, kraftvolle Lichtenergie über deinen Kopf in deinen Körper fließen, in jede einzelne Zelle, und sich Kühle, Stärke und Helligkeit in deinem Körper ausbreiten, die dich auf die Neue Zeit vorbereiten. Während die beiden Energien in dir klingen, lass die Energie deiner Seele ebenfalls in den Energiekreislauf von Mutter Erde und der Geistigen Welt mit hineinfließen und deine Seele in dieser Energie immer stärker werden. Lass sie darin wirken.

Während du in dieser Kraft bist, fließt meine kraftvolle Energie ebenfalls in deinen Körper. Ich, Amadeii, fließe zu deinen Zellen, kraftvoll und stark. Spüre meine Kühle, die Transformation, die die Veränderung deiner Zellen bewirkt. Hab keine Angst, lass dich ein auf die Energien, die nun in dir wirken. Sei kraftvoll und voller Vertrauen.

Lass die Energien von deiner Seele aus sich weiter nach außen ausdehnen in deine Außenzonen, die ihr auch Aura nennt. Lass sie immer weiter ausstrahlen und stärker werden. Dehne die Energien noch stärker aus, weit in diesen Raum hinein. Lass sie wirken und strahlen und spüre immer wieder bewusst den kühlen Hauch, der für dich Veränderung bedeutet.

Strahle von deiner Seele aus weiter über diesen Raum in die Halle und zu allen anderen Menschen in deiner Umgebung. Lass alle teilhaben an dieser kraftvollen Energie. Und strahle noch weiter hinaus, raus aus dieser Stadt zu anderen Städten und Ländern auf der Erde. Lass die Energien wirken, weiter und

*weiter, stärker und stärker. Es sind Energien der Zukunft, die sich
nun in dir manifestiert haben und die von dir nach außen strahlen, wo immer du dich befindest. Du bist ein kraftvolles Wesen,
also vertraue auf deinen Weg, den du gehen wirst, denn du bist
ein kraftvolles göttliches Wesen. Du bist einmalig in deinem Dasein.*

*Nun spüre diese Energien noch einmal intensiv in dir wirken.
Du bist es wert. Du bist es wert.*

*Mit diesen Worten, die euch deutlich machen, wie wertvoll
ihr seid, verabschiede ich mich von euch. Wann immer ihr meine
Energien spüren wollt, setzt euch hin und kommt in die Erinnerung an die jetzige Situation, und die Kraft und die Stärke meiner Energien fließen von nun an in euren Körper.*

*Halleluja,
Amadeii*

3. Seele und Liebe mit anschließender Heilmeditation

Seid gegrüßt, ihr Menschenkinder. Voller Freude sehe ich euch zu diesem gemeinsamen Treffen vereint und bin voll in der Liebe und des Glücks, euch meine Informationen, die für euch alle sehr wichtig sind, vermitteln zu dürfen. Es ist eine Freude, ein Fest, und ich lade euch ein, zusammen mit mir zu erkennen, welche Wichtigkeit in eurem Leben die höchste ist. Eine Wichtigkeit, die zu leben, zu erkennen und in die Blüte zu bringen ist und ein Meilenstein in eurem Leben sein wird. Dieser Meilenstein in eurem Leben ist die Liebe, die euch in einzelnen Details nicht so bekannt ist, wie ihr ihrer eigentlich würdig seid.

Ihr habt schon die menschliche körperliche Liebe erfahren, die ich aber hier nicht meine. Ihr habt teilweise die Mutterliebe erfahren, die eine mit der höchsten Liebesenergie ist, die ihr im menschlichen Leben erfahren könnt. Doch es sind auch Einzelne unter euch, die diese bedingungslose Mutterliebe nie erfahren durften, und so möchte ich euch nahebringen, wer für euch Mutter sein kann, wer für euch in Liebe sein kann und ist.

Die Stelle der unbeschreiblichen, unendlichen Liebe ist anberaumt in eurer Seele, die ihr Zuhause in eurem Herzen hat. Eure Seele ist der Bereich in euch, der euch unendlich liebt. Und sie hatte den Wunsch, in eurem Körper, vereint mit dem Geist, der eure Gedanken belebt, Erfahrungen in diesem Leben zu machen. Sie hat sich alles für dieses Leben ausgesucht. Und so ist es das Wertvollste, was ich euch von eurer Seele durchgeben kann. Eure Seele liebt euch so, wie ihr seid. Unverfälscht, ohne Wenn und Aber. Eure Seele hat euch so gewollt, wie ihr seid. Mit allem Für und Wider, die ihr an euch selbst richtet, wenn ihr in die Verurteilung geht. Denn ihr seid euer stärkster Kritiker in diesem Leben. Doch eure Seele liebt euch so, wie ihr seid, im körperlichen, geistigen und seelischen Bereich.

Eure Seele hat den Auftrag, in eurem Körper eure Mutter zu sein. Doch sie hat ebenfalls das Gelübde abgelegt, sich nicht ungefragt in euer Leben einzumischen. Ihr habt durch den frei-

en Willen die volle Handlungsfreiheit. Und ob es euer Seele ge-
fällt oder nicht, ihr seid der Faktor, der bestimmt. Ihr bestimmt
euren Weg und eure Handlungen. Doch wann immer ihr bereit
seid, in Kontakt mit eurer Seele zu gehen, wann immer ihr bereit
seid, eurer Seele die Erlaubnis zu erteilen, zu euch zu sprechen
und euch zu helfen, wird sie euch den für euch richtigen Weg
weisen. Eure Seele hat in vielen Inkarnationen Erfahrungen gesammelt, und in dieser Inkarnation ist es die letzte in der noch
teilweise alten Zeit, die nun langsam ausklingt und der Vergangenheit angehört.

Ihr seid schon weit fortgeschritten in eurer Entwicklung.
Viele Hürden habt ihr schon genommen und etliche Probleme
und Mangelgefühle in der Vergangenheit abgearbeitet.

Ein starkes Thema der Vergangenheit war die Opferenergie
in euch. Und heute ist der Tag gekommen, an dem selbst die
letzten Wesen die Information bekommen: „Ihr seid keine Opfer, ihr braucht keine Opfer zu sein, denn ihr seid ihr selbst, so,
wie ihr sein möchtet." Alle Opferenergien wandeln in der Vergangenheit und haben von nun an keine Kraft mehr in eurem
Leben. Ihr dürft euch so entfalten, wie es richtig für euch ist. Ihr
seid Licht, ihr seid Stärke, ihr seid Kraft, und in diesem Licht, in
dieser Stärke und Kraft habt ihr das Recht, alle Anforderungen,
die andere an euch stellen, über Bord zu werfen, wenn sie mit
eurem Willen nicht in Einklang sind. Ihr seid ihr, und ihr habt
alles Recht der Welt, euch so zu entfalten, wie eure Seele es für
sich als Erfahrung ausgesucht hat. Wie es euer Geist euch über
euren Spirit in den Verstand und in die Vernunft gegeben hat
und wie ihr selbst in eurem Leben mit eurem persönlichen Willen den Weg beschreiten wollt. Denn ihr bestimmt euer Leben.

Eure Seele ist der liebevolle Anteil, der euch immer wieder
auf den richtigen Weg führt, den Weg in Liebe, Harmonie und
Vertrauen. Und vertraut darauf, dass die Information der Seele
100-prozentig in der Liebe und gut für euch ist. Denn ihr seid
der Anteil der Seele, durch den sie das Leben und die Lebensaufgabe gestalten kann. Kommt in das Vertrauen zu eurer Seele,

denn sie ist der wertvollste Teil der Liebe in eurem Körper.

Entwickelt euch so weit, bis ihr Liebe seid, und ihr werdet in den Strahlen der Liebe erleben, dass viele Dinge für euch einfacher werden. Versucht es. Oft ist es durch eure emotionale Situation nicht einfach, in der Liebe zu leben. Doch seid im Vertrauen, wenn ihr auf eure Seele hört, wird vieles für euch leichter werden und die Hürden, die euch das Leben schwerer machen wollen, niedriger. Nehmt Kontakt zu eurer Seele auf, wann immer ihr möchtet. Sprecht in Gedanken mit eurer Seele, mit Worten oder Affirmationen. Oder legt eure Hände in den Herzbereich und lasst eure Seele spüren, dass ihr sie berührt. Sagt zu ihr: „Ich erlaube dir, dass du jetzt laut in mein Leben eintrittst. Ich erlaube dir, dass du mir Informationen gibst, die gut für mich sind, damit ich meinen Weg leichter gehen kann. Ich erlaube dir ebenfalls, mir Signale zu geben, die mich stoppen, wenn meine Liebe weit weg von mir ist. Liebe Seele, nimm meine Hand, die ich dir reiche, und sei bereit, mit mir zusammen den restlichen Weg zu gehen, auch wenn es für mich nicht immer einfach ist. Diese Erlaubnis erteile ich dir, meine Seele, und danke dir im Voraus für deine Hilfe."

Das Seelenleben der Geistigen Welt ist also eins der wertvollsten, dessen ihr euch bewusst werden könnt, weil die Seele nicht sichtbar ist. Sie ist meistens nicht spürbar, sondern eine Energie, die sich bereiterklärt hat, euren Körper zu beseelen, damit dieser Körper in dieser Existenz leben kann. Die Seele ist der wichtigste, liebevolle Anteil in euch, den ihr erleben möchtet, wenn ihr euch bewusst seid, wie wichtig diese Energie für euch ist. Eure Seele liebt euch so, wie ihr seid. Und um diese Energie in euch zu verstärken, bitte ich euch, in einer Meditation den Kontakt zu eurer Seele aufzunehmen.

☆

Meditation: Kontakt zur Seele aufbauen

Lege deine Hände auf den Herzbereich deines Körpers. Atme tief in deinen Körper ein und aus, ein und aus. Spüre, wie mit jedem Atemzug Ruhe in deinen Körper kommt. Atme ein und aus und lass einen Liebesgedanken von deinem Geist zu deiner Seele schwingen. Spüre schon eine Leichtigkeit in dir. Atme noch einmal ganz tief ein und aus. Lass deine Seele erkennen, dass es dir ernst ist.

Vor deinem geistigen Auge erscheint ein Weg, und ich lade dich ein, diesen Weg zusammen mit mir als Unterstützung zu deiner Seele zu beschreiten. Wir gehen gemeinsam in Sicherheit, voller Zuversicht und Vertrauen diesen Weg Schritt für Schritt, und je weiter wir uns auf diesen Weg begeben, desto mehr erhellt er sich. Er wird für uns erleuchtet.

Wir kommen in einen Bereich hell wie eine Halle, und du kannst verschiedene Bilder erkennen. Du schaust dich um und siehst gemalte Bilder, Zeichnungen – was immer dir als Information zu übermitteln ist.

Du suchst dir ein Bild oder eine Zeichnung aus und stellst dich davor. Dann lass die Information auf dich wirken. Du atmest die Energien der Information ein, und es findet eine Klärung in dir statt. Ein Wiedererkennen dieser Information, die nur für dich bestimmt ist.

Vor diesem Bild oder den Zeichen befindet sich ein Becher mit einer Heilflüssigkeit, und es ist dir erlaubt, diese zu trinken. Bitte tue das jetzt für dich und für deine Seele. Es ist eine Reinigung deiner Seeleneinheit. Spüre, wie Heilenergie durch deinen Körper hindurchfließt. Erkenne, dass von deiner Seele eine Helligkeit ausstrahlt und deine Seele von nun an wieder Kraft und Stärke hat, um für dich wirken zu können.

Bedanke dich vor dem Bild oder Zeichen für dieses Geschenk. Dann siehst du einen Gang, der hell erleichtet ist. Betritt den Gang voller Vertrauen, dass er dich zu etwas führt, das gut für dich ist.

Am Ende des Ganges kommst du an einen mit Wasser gefüllten Bereich. Ein kleiner See, der aussieht wie eine Badewanne und nicht tief ist. Ich bitte dich von ganzem Herzen, dir die Farbe dieses kleinen Sees anzuschauen. Sollte dieser See dunkel und nicht durchsichtig sein, schicke ich Heilenergien hinein, um ihn für dich zu klären, so lange, bis das Wasser für dich klar und rein ist. Wenn das Wasser klar ist, hast du die Erlaubnis, in den See zu gehen. Geh in das Wasser, es birgt keine Gefahr für dich. Du wirst immer den Boden berühren. Es ist das Wasser der Heilung. Wenn du möchtest, kannst du dich in den See setzen oder sogar legen und darum bitten, dass der Anteil in dir, der eine Krankheit birgt oder einer Heilung bedarf, egal, in welchem Bereich, durch dieses heilende Wasser Heilung erfährt. Bitte um Klärung, Reinigung und Heilung.

Nun bitte ich dich, wieder aus dem See zu steigen. Dein Körper ist trocken und fühlt sich heil und leicht an.

Während du aus dem See steigst, werden meine AMADEII-Energien über deinen Kopf in deinen Körper hineinströmen. Heilende, klärende, kühlende, kristalline Energie fließt von deinem Kopf aus in deinen Körper hinein. Spüre meine klärende Kühle. Spüre sie und nimm sie in Liebe an. Sie ist ein Geschenk für dich. Und wann immer du in Zukunft meine Energien benötigst, denke an diese Situation in deinem Herzbereich in der Seele, denke an diesen Punkt zurück, und meine kristalline Energie wird wieder in deinen Körper fließen, da unsere Verbindung von nun an über deine Seele stattfinden kann.

So ist es geschehen. Und nun bitte ich dich, gemeinsam mit mir den Weg aus dem Bereich deiner Seele zurückzugehen. Der Weg ist hell für dich erleuchtet, und du wirst ihn immer wieder für dich finden können.

Tritt aus diesem Gang heraus und atme dich wieder in deinen Geist. Atme tief ein und aus, damit du wieder ins Hier und Jetzt kommst. Atme wieder bewusst in deinen Körper, denn du bist hier.

Ich, Amadeii, der Engel der Neuen Zeit, danke euch nochmals voller Freude, dass ich zu euch sprechen durfte. Ich, wir alle, ehren euch.

Und ich verabschiede mich mit einem kraftvollen und liebevollen Halleluja.

Amadeii, Energie der Neuen Zeit

4. Geist, Vernunft und Affirmationen mit anschließender Heilmeditation

Seid gegrüßt, Menschenkinder. Es ist schön, eure Anwesenheit in diesem Raum wahrzunehmen. Eure Energien, eure Gedanken und euer Leid kommen zu mir, und ich bin voller Freude, für euch heute hier wirken zu dürfen. Ich, Amadeii, Energie der Zukunft, spreche heute einzeln zu euch, doch niemals allein.

Ich bin eine Einheit von vielen heilenden, hoch transformierenden Energien, die für euch zukunftsorientiert wirken werden. Lasst euch voller Vertrauen auf meine Energien ein. Die Zukunft steht für euch kurz vor der Vollendung. Ihr seid in eurer Transformation schon weit fortgeschritten, und so ist heute für euch der Tag, an dem wir eine Deutlichkeit in euren Geist bringen können, die euch klarmacht, was euch noch blockiert.

Ihr seid menschliche Wesen, eine beseelte Lebensform, versehen mit einem Geist und in einer körperlichen Hülle als Haus für diese beiden Energieformen, um euren Weg zu finden und zu erleben. Um aufzusteigen in die sogenannte Neue Zeit, wie ihr sie nennt. Die Neue Zeit, in der die Liebe euch in die Veränderung führt, weg von allem Erlernten, das euch in der Vergangenheit manipuliert hat. Darum möchte ich euch heute den Widerstreit zwischen eurem Geist und eurer Vernunft bewusst machen.

Von dem Moment an, in dem der Geist den Kontakt mit der körperlichen Hülle und im Einklang mit der Seele eure Lebensform belebt hat, hat er den Auftrag, euren Weg als Informationsquelle von oben mit zu gestalten. Der Geist ist die Anbindung an das höchste Sein und somit hoch in seinem schöpferischen Wissen. Und dieser Geist, der euch belebt, führt euch auf den Weg. Doch eure Vernunft, die über viele Jahrzehnte durch die unterschiedlichen Einrichtungen im menschlichen Dasein hochgepuscht wurde, mit der Absicht, sie zu aktivieren und aus Sicht der Vernunft zu handeln, diese Vernunft unterdrückt eure göttliche Anbindung, und ihr seid nicht mehr die göttlichen Wesen, als die ihr geboren wurdet, sondern ihr wurdet verändert.

Am Anfang in liebevoller Absicht eurer Eltern und Verwandten, liebevoll in dem Wirken, aus euch Menschenkinder zu machen, die von ihrer Umgebung in Liebe angenommen werden. Die nicht auffallen und in ihrem Wirken so handeln, dass sie in der Gesellschaft ein würdevolles Mitglied sind.

So kommen die Sprüche der Eltern zustande: „Das tut man nicht. Das darf man nicht. Was sollen die Nachbarn oder die Freunde von dir denken?" In diesem Bewusstsein wachst ihr heran, und die Spiritualität, die Bindung an den Einen und die Einmaligkeit eures Wirkens, werden immer kleiner und von eurer Vernunft durch den Verstand unterdrückt.

Doch möchte ich euch sagen: Richtet nicht über eure Eltern, denn auch sie kannten es nicht anders. Sie taten es aus Liebe zu euch, um euch euer Leben zu erleichtern. Nicht wissend, dass sie genau dadurch euren göttlichen Aspekt, die Anbindung an die Einmaligkeit, unterdrückten.

Heute habt ihr die Möglichkeit, euch durch eure Bewusstseinserweiterung eure Vernunft und euer antrainiertes Erlernte anzuschauen und zu überdenken. „Ist es das, was mich ausmacht in meiner Einmaligkeit? Ist es antrainiert oder ein wirklich wertvoller Teil in meinem Leben, den ich wiederfinden und leben sollte?" Doch wenn ihr euch diese Aspekte der Einmaligkeit betrachtet, vergesst bitte bei eurem Wirken nicht, dass ihr so lange so wirken dürft, wie es gut für euch ist und ihr eure Umgebung und den Bereich eurer Mitmenschen nicht beeinträchtigt. Alles ist erlaubt, was gut für euch ist, so lange, wie euer Wirken der Umgebung keinen Schaden zufügt und ihr dabei keinerlei Verletzungen ausübt oder signalisiert. Denn ihr seid einmalig, ihr seid im Vordergrund, ihr seid wertvoll.

So geht es auch den anderen Geschöpfen, die mit euch sind und mit euch leben. Akzeptiert die Grenzen der anderen, und eure Grenzen werden ebenfalls akzeptiert. Das ist die Vision der Zukunft, die ihr erleben möchtet. Diese Zukunft, die in unseren Dimensionen schon liebevoll gelebt wird. Wenn man in dieser

Akzeptanz der Grenzen aller anderen lebt, kann man sich weiter ausdehnen, als man es jemals für möglich gehalten hat.

Ihr könnt euch weit über eure Grenzen hinaus in Liebe und Stärke ausdehnen, und die Resonanz, die ihr ausstrahlt und als Liebe und Stärke von anderen Lebewesen zurückerhaltet, ist kräftigend, stärkend und heilend. Und so, wie ihr euch lebt, werdet ihr erlebt und gelebt. In eurer Umgebung, in der Familie und in der ganzen Welt.

Findet zu euch, klärt mit euch, was ihr möchtet, und fragt euch: „Wenn ich so handle, wäre es gut, wenn ein anderer auch so handeln würde, oder würde es mich verletzen?" Kommt in den Dialog mit euch, und ihr werdet erfahren, wie man euch ebenfalls in Liebe akzeptiert. Während ihr beginnt, so zu wirken, werdet ihr spüren, dass euer Verstand mit seinen anerzogenen Informationen in eurem Kopf ruhiger wird und euch nicht permanent mit Informationen und Mahnungen versehen möchte.

Ihr findet zu euch, und euer Geist kann wieder den Kontakt zu euch aufbauen und euch Impulse senden, die euch den Weg deutlich machen. Euer Geist ist für euch, so, wie auch eure Seele für euch ist. Beide haben sich dieses Leben in dieser körperlichen Hülle, in dieser Verbindung mit euch so ausgesucht. So seid sicher und voller Vertrauen, dass alle Informationen von eurem Geist in Liebe für euch sind.

Ihr werdet manipuliert durch euren anerzogenen Verstand und die anerzogene Vernunft. Werdet liebevoll wie die Kinder, so wurde es euch schon verkündet. Nehmt diese Aussage wieder in euer Leben auf. Lasst nicht die Vernunft walten, sondern die Leichtigkeit und das Lachen. Holt das Lachen wieder in euer Leben. Lachen ist Freude, und Freude schaltet alle Vernunft aus, die nicht gut für euch ist. Freude und Lachen sind Inspiration. Sie kommen vom Herzen und werden vom Geist ebenfalls liebevoll begleitet.

So habt ihr, wenn ihr in die Entwicklung und die Weiterentwicklung gehen möchtet, euch vor eure Vernunft und euren Verstand zu stellen. Schaut euch die Affirmationen an, die ihr während der Prägungsphase von der Familie, in der Schule und im Beruf erhalten habt. Fragt euch: „Möchte ich noch nach diesen Affirmationen leben?" Wenn ihr der Meinung seid, es sind nicht mehr eure Affirmationen, dann geht in die Veränderung.

Eine Affirmation eurer Eltern möchte ich euch deutlich machen. Diese wurde immer wieder wiederholt, bis sie sich für euch als Affirmation manifestiert hat:

„Das tut man nicht!"

Schaut euch diese Affirmation in unterschiedlichen Bereichen eures Lebens an und fragt euch: „Ist diese Affirmation für mich noch stimmig, und wenn ja, in welchem Bereich?"
Sobald ihr einem anderen Leid zufügt, hat diese Affirmation noch heute Wirkung für euch. Doch wenn es dazu dient, dass ihr euch in Liebe und Freude auslebt, dann erkennt bitte, dass sie für euch keine Wirkung mehr hat. Lebt, was in diesem Moment bei euch hochkommt, und lasst es heraus, auch wenn es ein Schrei ist. Oft ist ein Schrei eine Erlösung für euch, und es ist gut, ihn herauszulassen, weil ihr danach wieder ganz in eurer Mitte seid.
Ihr könnt die Affirmation verändern, indem ihr euch sagt: „Ich darf so sein, wie es gut für mich ist und ich andere Lebewesen dadurch nicht beeinträchtige. Dann ist es gut, dass ich so bin, und ich darf es allezeit so tun und so sein. Die alte Affirmation hat sich von nun an für mich zu verändern."
Doch erkennt, dass eure Vernunft diese Affirmationen gespeichert hat und ihr euch zur Neutralisierung immer wieder bewusst sagt: „Ich darf so sein, weil es gut für mich ist und ich andere nicht schädige. Ich darf tanzen und lachen, so, wie ich es möchte."
Jeden, den ihr durch euer Lachen ansteckt, fordert bitte auf, mitzulachen und mit euch in diesen Energien zu leben. Sagt es eurem Verstand immer wieder, bis er begreift, dass die alten Af-

firmationen keine Wirksamkeit mehr haben und euer Verstand sich auf die Wertigkeiten reduzieren darf, die ihr in eurem Leben noch benötigt.

Ohne Verstand ist kein Leben wertvoll, aber mit dem Verstand nur so lange, wie es gut für euch ist. Und je mehr ihr in diese Veränderung geht, desto stärker wird euer Geist.

Eure Anbindung an die Energien um euch herum, egal, wie weit sie entfernt sind, wird immer stärker, und eure Intuition wird wachsen, da sie den Verstand nicht benötigt. Die Intuition wird von eurem Geist geführt und gegeben, und so ist es euch möglich, Dinge zu sehen, die sonst dem normalen Auge verborgen bleiben.

Diese Entwicklung ist eine Entwicklung des Erstaunens,

⇨ wenn ihr erkennt, welche Energien neben, um und über euch herum existieren.
⇨ wenn ihr erspürt, wie viele Energien eure Umgebung beherbergt und welche Energien eure Mitmenschen haben.
⇨ wenn ihr erfahren dürft, dass die Tierwelt, die Pflanzenwelt und die ganz Natur auf eurer Erde pure Energie sind.
⇨ wenn eure Intuition so ausgerüstet ist, dass ihr eure Umgebung komplett erkennen könnt.

Dann seid ihr bereit, in die nächsthöhere Ebene aufzusteigen. Dort ist es selbstverständlich, alles Feinstoffliche zu sehen, und dieses Feinstoffliche ist voller Farben und Klänge, voller sanften Schwingungen, die ihr hier teilweise noch nicht erahnen könnt. Es ist ein Reich der Leichtigkeit und der Freude, und es ist erstrebenswert, diesen Weg zu gehen, um es sehen und erleben zu dürfen.

Darum mein Aufruf an euch:

„Ihr seid Herrscher über euren Verstand!"

Wenn euer Verstand und eure Vernunft euch manipulieren möchten, sagt „STOPP! Ich bin ein freies Wesen, und ich bestimme, was gut für mich ist. Alle vergangenen Affirmationen werde ich von nun an überprüfen, und du, meine Vernunft, und du, mein Verstand, wir werden miteinander arbeiten und neu aushandeln, wie stark ihr bei mir wirken dürft. Und dir, mein Geist, gebe ich die Erlaubnis, dich bei mir zu öffnen und mich mit deinem Geist zu erfüllen, damit ich wieder die Anbindung erhalte und erfahre, wie ich vor und zu Beginn meiner Inkarnation als Wesen des Einen entwickelt war."
So ist euer Weg zu finden, und bitte: Geht ihn in Liebe. Es ist euer Weg.

Meditation

Nun möchte ich dich bitten, beide Handflächen nach oben zu öffnen. Binde dich mit deinem Geist an die Welt an, die für dich noch nicht sichtbar ist. Bitte deinen Geist, dich an diese Welt anzubinden. Atme tief ein und aus.
Beim nächsten Einatmen siehst du eine Treppe, die nach oben führt, und du hast die Erlaubnis, die Stufen nach oben zu steigen. Und je höher du steigst, umso näher kommst du zu dem Raum deines Geistes.
Du steigst höher und höher, und die Treppe wird heller, klarer. Oben angekommen, kommst du auf eine Ebene, die sich wie ein Abschnitt zwischen zwei Treppen darstellt. In der Mitte siehst du ein rotierendes Licht. Bitte hab den Mut, dich in diesen Bereich zu begeben. In dem rotierenden Licht befindet sich ein Sessel, und du hast die Erlaubnis, dich auf ihn zu setzen.

Wenn du Platz genommen hast, lass dich mit Hilfe des rotierenden Lichts langsam mit den Energien deines Geistes erfüllen und deinen Geist in dich eindringen. Du spürst, wie du leichter und klarer wirst. Dein Geist ist voller Freude und bindet dich an das göttliche Sein an. Immer stärker empfindest du die Anbindung nach oben und erkennst ein Licht, das aussieht wie eine Lampe. Sollte sich bei dir jetzt ein Kopfdruck einstellen, hab keine Angst. Nimm ihn mit Freude wahr, denn es wird derzeit eine Erweiterung bei dir eingerichtet, die es dir in Zukunft ermöglicht, den direkten Kontakt mit der Geistigen Welt herzustellen.

Die Energien dieses Lichtpunkts wirken stark auf dich und erweitern und öffnen auch dein Drittes Auge. Es kann sein, dass nicht nur dein Kopf, sondern auch dein Drittes Auge und der Bereich bis hin zu deinen Ohren einen Druck verspüren. Nimm diesen Druck liebevoll an, denn so werden sich Hellsichtigkeit und Hellhörigkeit entwickeln können. Der Druck ist notwendig, damit die Öffnung vollzogen werden kann.

Während diese Öffnung stattfindet, möchte ich, dass meine transformierenden Energien in einer kühlen, kristallinen Form über dich kommen. Bitte erschrick nicht über meine Kühle, sie ist klärend und transformierend.

Nun gib die Affirmationen in die Transformationen hinein, die du verabschieden möchtest. Sei ganz in den Prozess der Transformation eingebunden und erlaube dir die Verabschiedung der Affirmation, die ab jetzt für dich nicht mehr benötigt wird.

Sei Licht und Liebe für die Zukunft. So soll es sein.

Nun möchte ich dich bitten, dich aus dem Sessel zu erheben, aus diesem Energiekreis herauszutreten und die Stufen wieder nach unten zu gehen.

Erkenne, dass die Stufen jetzt viel heller und breiter sind als vorher und sich unten am Anfang der Stufen ein großes Licht auftut. Es ist dein Licht, das dich in Zukunft leiten und führen wird. Geh die Stufen herunter bis zu diesem Licht und lass dich von ihm komplett einhüllen. Es wird dich von nun an begleiten. Du bist dir deines Lichts von nun an bewusst, denn du bist Licht. Atme dich wieder ganz in deinen Körper hinein. Atme tief ein und aus. Tief ein und aus. Du bist jetzt ganz bewusst wieder in deinem Körper. Es kann sein, dass dich der Kopfdruck noch eine Zeitlang begleitet. Nimm ihn liebevoll an. Er ist mein Geschenk an dich.

Noch etwas möchte ich euch mit auf den Weg geben: Vertraut auf uns. Wir sind bei euch, wir sind neben euch, wir sind wirkend für euch. Ruft uns an und gebt uns die Erlaubnis, für euch zu wirken. Wir sind allezeit bei euch und bereit, für euch in Liebe zu wirken.

Ich danke euch für euer Vertrauen und verabschiede mich in Liebe mit meinem Gruß
Halleluja.

Amadeii

XII. Fragen an Amadeii, die mir am Herzen lagen

Amadeii, was geschieht am 21.12.2012?
(Durchgegeben am 01.12.2012)

Seid in der Liebe und voller Vertrauen, dass zu diesem Tag eine Situation der Neuausrichtung und des Neubeginns startet, die eine Umkehrung nicht mehr möglich macht. Zu diesem Punkt, ausgerichtet in eurem Universum, ist eine Öffnung der Straße zu eurer dimensionsgerechten Daseinsform möglich, die euch wieder an eure Stelle der Veränderung und Manifestierung bringt, wie sie gewesen wäre, wenn der Absturz und Niedergang von Atlantis nicht stattgefunden hätte.

An diesem Tag, zu diesem Zeitpunkt in eurer Zukunft, ist es wieder möglich, die *Stunde Null* der Vergeltung und die *Stunde Neu* für das Zukünftige zu öffnen und eine neue Zeitrechnung für die Entwicklung und das Leben auf eurer Erde in Zusammenschluss mit allen Brüdern und Schwestern im Universum aufleben zu lassen. Es ist eine Neuanbindung an alte Geflechte, die lange Zeit stumm und brachlagen, doch immer vorhanden waren und nun wieder in Erinnerung gebracht, euren Geist beleben und eure Augen für das wieder Sichtbare schärfen werden.

Es ist eine Vereinigung der alten Energien, in denen euer Universum schon Jahrtausende seine Entwicklung ermöglicht hat. Nur die Erde war abgeschlossen und eingehüllt in den Nebel des Vergessens, und das wird verändert. Ihr werdet wieder ein aktiver Teil in eurem Universum der wirklichen Realitäten sein, und ihr werdet bejubelt und begrüßt, so, wie es euch gebührt. An diesem Tag ist die Situation geklärt, und das Tor wird geöffnet, sodass es kein Zurück geben wird.

☆

Amadeii, was verstehst du unter „Das Tor wird geöffnet"?
Ist es wirklich ein Tor?

Es ist eine energetische Verschmelzung mit den Energien eures restlichen Universums, in denen die Erde lange Zeit verhüllt existierte. Es ist ein Zusammenfließen von Energien, in deren Vereinigung die Zukunft von euch und eurem Universum gestaltet wird. Es ist keine Tür in dem Sinn, die man öffnet und durch die man geht, sondern eine Energieöffnung und das Zusammenfließen und Wirken der neuen Energien, die die Altenergien nochmals anpassen und erhöhen, bis es zu einem gemeinsamen Nenner kommt.

In eurem Universum gibt es einen bekannten Punkt, der in eurer Milchstraße eine solche Öffnung ermöglicht, und an diesem Tag erreicht die Erde diesen Punkt, der das energetische Zusammenfließen möglich macht. Von da an seid ihr wieder ein aktiver Teil eures Universums und kein verschleierter.

Amadeii, sind wir an diesem Tag in der Fünften Dimension angekommen?

Die Fünfte Dimension steht für ein Leben in einer erhöhten Energie und einem Wissen, das wir euch über viele Medien die letzten Jahre übermittelt haben. Dieses Wissen hat vielen Menschenkindern schon den Weg in das neue Wirken und in die neue Existenz gewiesen, die für die Neue Zeit und das Leben in der Fünften Dimension in der Vereinigung aller Existenzen eures Universums notwendig sind.

Ihr seid zu diesem Zeitpunkt zusammen mit der Erde so in eurer Energiefrequenz erhöht, dass sich alle Zellen auf diese neue Energie ausgerichtet haben, und nun ist ein Sortieren und ein Hineinfinden in diese neue Energiefrequenz angesagt. Der Zeitpunkt in der Fünften Dimension ist gekommen, euer Verhalten und euer Denken benötigen noch etwas Zeit, um alle Lebewesen auf der Erde dieser Frequenzerhöhung, die nun den höchsten Stand für das Ertragen der Energien in der Fünften Dimension erreicht hat, anzupassen.

Alles Chaos, das durch die Erhöhung der Energiefrequenz entstanden ist, wird sich noch einmal für kurze Zeit zu Spitzen erhöhen und alle Heftigkeiten nach oben bringen. Wut, Aggression, Hass, alte Konflikte, Verhaltensweisen und Geschehnisse werden sich explosionsartig entladen, um dann langsam aufgedeckt und erkannt zu werden. Danach kann sich langsam alles entwirren und wieder Leichtigkeit in euer Leben kommen. Ein Anpassen, ein Ausrichten und ein Leben in dieser nun erreichten Energieerhöhung, zu der für längere Zeit keine weitere Veränderung mehr ansteht und keine neuen Frequenzerhöhungen für viele Jahre vorgesehen sind. Ihr habt jetzt Zeit, euch diesen Energien der Frequenzerhöhung anzupassen, und die Ruhepause ist wie eine Erholung für alle Existenzen auf der Erde.

Auch für die Existenzen des Universums verändert sich die Aufgabe, da die Erhöhung erfolgt ist und nun die Lehre der Zukunft für die Lebensformen der Erde als neue Aufgabe ansteht. Es wird auch für uns eine interessante Zeit, um euch deutlich zu machen, wie das wirkliche Leben und die realen Existenzen in eurem Universum zu erkennen und zu erleben sind.

Amadeii, was bewirken die zwanzig Jahre bis 2032 bei uns?

Wenn ihr an dem Tag der Tage, an dem Punkt der Punkte, angekommen seid, entsteht für euch eine 20-jährige Ausrichtung in der erreichten Erhöhung und Existenz der Fünften Dimension, die euch, je nach Grad der persönlichen Entwicklung, den Nebel Stück für Stück lüftet, damit ihr alles erkennen und sehen könnt. Ab diesem Tag beginnt für euch die komplette

Ausrichtung in der Fünften Dimension, und die alte Energie der Dritten Dimension verabschiedet sich aus eurer Daseinsform. Alles wird bis zum Jahr 2032 verständlicher, leichter und liebevoller.

Das ist der Punkt, der eine komplette Anbindung an alles im Universum erhellt und eine weitere Zeitepoche der Veränderung hin zur Siebten Dimension einleitet. Das wird für die Lebensformen der Erde wieder eine Veränderung, Erhöhung und Neuausrichtung über einen langen Zeitraum bedeuten, doch wir sind voller Zuversicht, dass diese kurzfristig einzuleitende Erhöhung in die Siebte Dimension das Vermögen der Zellveränderung aller Lebensformen auf eurer Erde möglich macht.

Die Erde und ihre Lebensformen haben in der Zukunft einen großen Auftrag und eine große Veränderung zu absolvieren. Doch wir sind hilfreiche Begleiter und voller Vertrauen, dass die Erde mit ihren Lebensformen auch diese Erhöhung erreichen kann, ohne in die Überforderung abzuleiten. Es ist gewagt, doch wir sind voller Vertrauen, dass die Erde zusammen mit dem restlichen Universum aufsteigen darf und kann, und das wird ein aktiver Beitrag meiner Energien in der Neuen Zeit ausmachen.

Die zwanzig Jahre von 2012 bis 2032 dienen komplett der Klärung, Schulung, Erhöhung und Vorbereitung der Erde auf diesen weiteren Erhöhungsschritt, doch dieses Mal in liebevolleren und bewussteren Energien als in der grauen Zeit der Vergangenheit. Die Erfahrungen, die gesammelt wurden, ermöglichen einen schnelleren Veränderungsprozess, als es in der gelebten Zeit der Vergangenheit möglich war. Neues Wissen, neue Hilfsmethoden der Erhöhung eurer Energien und neue gesellschaftspolitische Werte werden euch ein Anpassen an die gesellschaftlichen Notwendigkeiten erleichtern.

Euer Wertedenken wird sich liebevoller und verantwortungsvoller gestalten, und eure Gesetze werden sich den universellen Gesetzen annähern und angleichen, bis alles eins ist, was eins war, und bis alles zusammengewachsen ist, was lange Zeit getrennt war. Diese zwanzig Jahre der Anpassung und Neuausrichtung werden für euch anstrengend, aber notwendig sein, um Dinge und Gegebenheiten, die euch derzeit noch fremd sind, die euch aber schon bewusst oder sichtbar gemacht werden, zu begreifen und in ihnen leben zu können. Ihr dürft keine Gefahr für das restliche Universum darstellen, deshalb noch das Leben in diesen zwanzig Jahren der Probe.

Doch seid voller Zuversicht, ihr werdet den Zenit erreichen, der euch alles um euch herum sichtbar macht, was bisher durch die Schatten für euch verdeckt wurde. Ihr werdet sehen und erkennen, wie alles real vorhanden ist, ohne eine Projektion des Schattens.

Amadeii, warum gibt es derzeit so viele Parasiten bei uns?

Sei frohen Mutes und voll des Wissen, dass dies zu eurer Zeit ein Zeichen des Umbruchs und der Neuerfahrung sein wird. In allen Zeiten, in denen eine Veränderung stattgefunden hat, ist das Parasitentum in voller Blüte gewachsen, um zu vernichten, was sich nicht bewährt, und um das Bewusstsein der Lebewesen bei euch auf der Erde zu verändern.

Diese Erkenntnis der Bedrängnis erfordert von vielen ein gemeinsames Miteinander in der Verwaltung und Bekämpfung von diesen euch nicht gut gesonnenen Lebensformen, die schmarotzend und vernichtend, zerstörend und beeinflussend euer zentrales Nervensystem durch Giftabsatz und Irritation eures Immunsystems verändern. Das ist so, weil alles Positive einen Gegenpol benötigt, um die Balance halten zu können, so lange, bis es euch vergönnt ist, sich von diesen grobstofflichen Substanzen ganz zu verabschieden. Bis dahin haltet euer Bewusstsein licht und hell und schützt euch vor diesen Arten von Ungeziefer.

Amadeii, warum gibt es so viele Spinnen?

Spinnen sind hoch energetische Wesen, die für euch von Nutzen sind. Sie helfen, die Energien zu erhöhen und fangen alles ab, was als Gefahr für euch von den Schmarotzern ausgeht, indem sie diese jagen. Deshalb so viele Spinnentiere derzeit. Eine Freude, dass dir das aufgefallen ist.

Amadeii, zurzeit gehen Politik und Wirtschaft den Bach herunter. Sollen wir unser ganzes Geld investieren, oder sollen wir auch etwas auf die sogenannte hohe Kante legen oder sogar Gold ankaufen?

Seid auch hier in eurem Frieden. Der Geldwert ist ein künstlich geschaffener Wert, der bei euren Banken nicht den vollen Gegenwert findet, wenn ihr ihn alle abruft. So bleibt auch hier in der Ruhe. Kauft oder verbraucht für euch alles, was ihr benötigt, aber setzt bitte nichts künstlich als Bedarf in die Welt, denn dann folgt ihr wieder den Regeln eures Wirtschaftssystems, das künstliche Bedürfnisse schafft. Es ist immer ein wertvoller Gedanke, für die Zukunft zu sorgen, auch wenn sie in eine Neue Zeit hineinfließt, damit die Eigenverantwortung gestärkt wird. Doch vertraut auch darauf, dass für euch alle gesorgt ist, egal, welche Mittel ihr zurückgelegt habt. Alles ist und wird auch weiter im Fluss sein, damit ihr in eurer Mitte walten könnt.

Amadeii, warum kocht im Augenblick der Streit zwischen unterschiedlich Denkenden in den Religionen hoch?

Seid euch gewiss, es ist eine Reinigung und Klärung der alten Situationen von Manipulation und Beeinflussung. Was bedeutet für euch derzeit noch Religion? Ist es der tiefgreifende Wunsch, dem Schöpfer zu huldigen, ist es die Ehrfurcht vor allem, was nicht erklärbar ist und war, oder ist es ein Relikt aus der Vergangenheit, um Abhängigkeit und Unterdrückung zu fördern?

Zurzeit wird auf heftige Weise deutlich gemacht, dass die Religion, wie sie in eurer Welt gelebt wird, nichts mehr mit Liebe, Miteinander und Verbindung zum Schöpfer zu tun hat, sondern ausgenutzt wird, um eigene Motivationen auszudrücken und die Massen von potenziellen Aggressoren und Denunzianten in ein Feld der Bewaffnung und Vernichtung zu führen. Es ist eine Absicht, auf beiden extremen Bereichen zu verletzen, und diejenigen, die dazu bereit sind, springen auf diesen Funken der Vernichtung und Beleidigung an. Die einen wollen bewusst verletzen und provozieren, die anderen zum eigenen Wohl und zur Umsetzung der eigenen Intention bewusst verletzen und vernichten. Erkennt die Absicht hinter beiden Seiten, der Aggressoren und der Vernichter. Beide wollen verletzen und manipulieren.

Es ist wichtig für alle, die in der Liebe sind, zu erkennen, was die eigentliche Absicht dahinter ist, und dass nicht die Provokation, sondern das Miteinander im Vordergrund stehen sollte. Erkennt eure Gemeinsamkeiten und seht auch, dass im Namen der Religion schon viele Untaten geschehen sind, die immer Vernichtung und Unterdrückung als Folge hatten. Der Spiegel der eigenen Taten wird der europäischen Welt derzeit deutlich vorgehalten, und die Vergehen der Kreuzzüge oder der spanischen Invasoren in Mittel- und Südamerika werden vergolten.

Erkennt und verabschiedet diese Energien und lasst für die Zukunft keine Energien der Unterdrückung und Vergeltung durch Andersdenkende möglich sein. Sucht die Gemeinsamkeit in dem Bewusstsein zum Schöpfer, egal, wie ihr in nennt. Es gibt nur den einen Schöpfer für alle, aber mit unterschiedlichen Namen. Huldigt ihm in gemeinsamer Liebe, denn ihr seid ein Teil davon. Und ermöglicht Extremisten nicht, egal, in welchen Ländern und mit welcher Absicht, die Tür zu euch zu öffnen. Setzt ein Stopp in dieses Gedankengut. Geht auf die Straße für ein friedliches Miteinander ohne Manipulation. Deeskalation statt Konfrontation ist ein wichtiger Wegbegleiter. Geht gemeinsam in Liebe, dann kann die Liebe im Vordergrund stehen und keine Manipulation durch bewusst gesetzte Verletzungen euer Leben beeinflussen. Erkennt die Absicht und lasst sie nicht zu eurem Bewusstsein fließen. Lasst eure Seele und die Liebe sprechen und miteinander wirken. Kommt in Frieden mit euch und all euren Mitbewohner auf der Erde. Ihr seid alle Teil des Einen und somit verschwistert.

Amadeii, was bedeutet der Geist für uns?

Der Geist ist eine Energie des Einen mit der besonderen Aufgabe, euer gelebtes Denken und Handeln in der Körperform zu beleben. Der Geist ist eine Beseelung des Einen für den Verstand, der Denken und Entwickeln ermöglicht. Der Geist hat alle Anteile des Lebensraums zu beleben, in dem der Geist in einer körperlichen Form mit Verstand eintaucht. Bei euch auf der Erde hat der Geist das Erfüllen der Aufgabe in der Polarität in Gut und Böse, in Hell und Dunkel zu erleben. Der Geist, der den Körper erfüllt, hat eine Grundintention, die die Seele in ihrer Aufgabenbewältigung begleitet. Ist der Geist von gut gesonnener Energie, wird die Liebe bei der Bewältigung der Lebensaufgabe im Vordergrund stehen. Ist der Geist von der Polarität der Heftigkeit beeinflusst, so hat die Seele sich die Aufgabe gestellt, aus der Dunkelheit in die Helligkeit zu finden, auch wenn alle geistigen Anforderungen es verhindern möchten.

Der Geist und die Seele sind zwei unterschiedliche Energien, basierend auf der Existenz des Einen, nur mit unterschiedlichen Präsenzen. Die Seele geht in den Körper und ist für die Lebensdauer der Lebensform an den Körper gebunden. Der

Geist umhüllt die Lebensform und beeinflusst das Denken und die Anbindung an die Existenzen außerhalb des Körperlichen. Der Geist ist der Kontakt zum Einen und zu allen Energien, die eine Lebensfrist bei der Lebensform betreuen. Der Geist beseelt Gedanken, Verstand und Vernunft, die sich weiterentwickeln können in der Erfahrung und Erziehung, in aller Prägung durch die Umgebung, Familie und das Leben an sich.

Der beseelte Geist wird von euch schnell abgelöst durch die Moral des Geistes, die von euch Menschen geprägt wird. Der menschliche Geist wird von euch mit Ethik und anderen Prinzipien beeinflusst und verfälscht und so in ein festes Muster der Lebbarkeit gepresst. Doch der ursprüngliche Geist ist die Belebung des Denkens und Fühlens im Sinne des Einen. Alles ist belebt durch den Geist, sonst wären ein Denken und eine Anbindung an Alles-was-ist nicht möglich.

Wenn eine Lebensform sich verabschiedet, scheidet der Geist aus diesem Verbund aus und geht in die schöpferische Allgemeinheit zurück, bis er wieder in einen Lebensverbund abgerufen wird. Der Geist in der schöpferischen Allgemeinheit ist weder gut noch böse, sondern belebt zum Denken in Form von Entwicklung und Veränderung.

Amadeii, was ist schöpferische Allgemeinheit?

Die schöpferische Allgemeinheit beschreibt eine Existenz mit einem Entwicklungszustand von Energien, die von dem Einen für die Belebung von Entwicklungsformen zur Verfügung gestellt wurde, um ein selbstständiges Denken und Prägen zu ermöglichen. Es ist der aktive Prozess der mentalen Belebung, um ein selbstständiges Existieren zu gewährleisten. Es ist Leben und Erfahrung im mentalen Bereich. Nicht für die Selbstverwirklichung des Geistes, sondern als Hilfe für die Seele und der Lebensform, in der der Geist wirkt, um Entwicklungen erleben zu können.

Amadeii, erzähle mir etwas über die anstehenden Veränderungen – Das Zeit-Raum-Kontinuum

Gruß und Ave zu euch Menschenkindern. Nun ist der Zeitpunkt gekommen, an dem ich euch wieder über die Situation informiere, die sich derzeit bei euch verändert.

Es hat sich ein neues Fenster zu euch geöffnet, und neue Zeit- und Raumenergien fließen in euer irdisches Dasein. Es birgt viele kleine Veränderungen und Verlustklärungen, die euch derzeit noch verwirren. Doch seid unbesorgt, alles wird sich in harmonischer Einheit auflösen und euch wieder ein Stück näher an euer wirkliches Dasein in eurem Universum anbinden.

Zurzeit verspürt ihr verstärkt Schwindel und Unwohlsein in eurem Kopf. Es kommt plötzlich und beeinträchtigt vor allem nachts euer Wohlsein. Drehungen nachts im Schlaf bringen Unruhe in eure Gehirnzellen, Schwindel ohne ersichtlichen Grund, gepaart mit Übelkeit lassen euch aufwachen. Morgens und abends beim Niederlegen tritt dieser Schwindel ebenfalls auf, der euer Leben derzeit beeinträchtigt und für euch nicht erklärbar ist.

Doch vertraut, alles ist nur vorübergehend und in der Absicht, in euren Hirnrealen Veränderungen in die Entwicklung zu bringen, die ein Aufwachen und Sensibilisieren eures Nervensystems zur Aufgabe haben. Alles ist in der Bestimmung, euch vorzubereiten auf die feinstofflichere Ebene der Neuen Zeit, in der nicht die Vernunft, sondern der Geist zusammen mit der Intuition in Harmonie wirken wird.

Alle Bereiche eures Nervensystems, zurzeit vor allem der Bereich eures Kleinhirns, werden neu programmiert und geöffnet, und das Wissen, das in euch vorhanden ist, aber mit einem Schleier und einem Schloss des Vergessens versehen war, wird wieder gerichtet und aktiviert. Euer Körper, der viele Jahrhunderte in der Dunkelheit des Nichtwissens und Nichtwirkens gelebt hat, wird wieder belebt und hat nun Probleme, sich an den neuen Zustand zu gewöhnen. Nehmt es in Liebe an. Seht es als einen Aktivierungsprozess, der für euch und die Neue Zeit notwendig ist, eine Voraussetzung, um in die Leichtigkeit gehen zu können.

Alles wird sich nach geraumer Eingewöhnungszeit automatisch wieder harmonisch in euren Körper einfügen. Solltet ihr diese Geduld nicht aufbringen, sucht euch Hilfe bei Menschenkindern, die schon mit den Methoden der Neuen Zeit arbeiten. Bittet sie, euer Nervensystem zu harmonisieren und eure Organe und Bereiche, die mit Übelkeit reagieren, auszugleichen und zu beruhigen. Dann wird dieser Prozess schneller in die neuen Schwingungen eingehen, und ihr habt die Symptome des Schwindels und der Übelkeit schnell überwunden.

Weiterhin werden durch diesen Prozess der derzeitigen Veränderungen eure Hirnnerven sensibilisiert. Ihr erfahrt eine Überempfindlichkeit eures Geruchsinns. Eure Ohren ertragen laute und schrille Klänge nicht mehr. Ihr reagiert immer sensibler auf Lautstärke und Geräusche sowie auf Gerüche. Auch reagiert euer Magen nun sensibel auf Speisen, die nicht in der vollen Energie der Liebe sind. Energetisch hochwertige Speisen werden gut vertragen, während minderwertige Speisen ein Unwohlsein in der Magengegend verursachen. Ebenfalls verändert sich euer Verlangen nach Speisen und Getränken. Alt Gewohntes wird nicht mehr gewollt, und neue Essgewohnheiten manifestieren sich.

Amadeii, du sagst, dass der freie Wille ein sehr wertvolles Gut ist, aber kurzfristig von euch bei unserem Aufstieg zu unserem eigenen Wohl außer Acht gelassen wurde. Das heißt, ihr setzt etwas zu unserem eigenen Wohl um, ohne uns zu fragen. Wo bleibt dann unsere eigene Schöpferkraft, die uns innewohnt?

Geliebte Wesen des Schöpfers und der Schöpferkraft. Viele Facetten des Schöpfers ruhen in euch und streben nach und nach danach, geweckt und aktiviert zu werden, damit ihr in dem Dasein des Einen erblühen und in der Liebe, der Fülle des Erlebens, der Demut und dem allmächtigen Wissen von allem leben könnt. Das ist der Entwicklungsprozess, der langsam bei einigen von euch Menschenkindern aktiviert wurde, und dieses Bewusstsein ist sehr wertvoll.

Doch vertraut auch darauf, dass wir, die schon voll in dem Bewusstsein des Einen wirken, wichtige Ausmaße zur Umsetzung eurer Entwicklung und eures Dimensionsaufstiegs erkennen und in Liebe für euch leiten können, so lange, wie ihr in eurer Göttlichkeit noch nicht in der Lage seid, es zu erkennen und umzusetzen. Wir lieben euch, und das ist der Grund, warum wir euch führend an die Hand nehmen. Nicht aus Missachtung eures freien Willens, sondern aus Fürsorge, damit alles bedacht und geschehen kann, was für den augenblicklichen Prozess für die Erde und ihrer Geschöpfe wertvoll und wichtig ist.

Ihr seid erst in den Anfängen der Aktivierung eurer Göttlichkeit. Vertraut darauf, dass wir euch leiten, damit diese Entwicklung bei euch zügig voranschreiten kann und aufblühen wird in einem Prozess der Entwicklung hin zu dem Einen. Selbst wir, die wir schon weit in unserer Entwicklung fortgeschritten sind, haben immer wieder neue Aktivierungen und Erkenntnisse auf unserem Weg hin zu dem Einen zu durchleben, voll in der Demut, dass wir den Schöpfer in uns haben und der göttliche Aspekt in uns lebt, doch auch voller Demut, zu erkennen, dass wir niemals Schöpfer gleich dem Einen sind. Wir können uns nur auf dem Weg dorthin bewegen, doch niemals dem Einen gleich sein.

Und so ist es vermessen, nicht anzuerkennen, dass eure Entwicklung noch zu leisten ist und eine Hilfestellung in Liebe nicht entmündigend wirken soll. Erkennt, dass trotz des Schöpferanteils in euch eure Entwicklung doch erst neu gestartet ist. Ihr seid am Anfang einer wunderbaren Entwicklung. Geht sie an in Demut und nicht in verstandesorientierter Arroganz. Bleibt bei euch und vertraut auf das, was hilfreich zu euch gesandt worden ist und schützend diesen Weg für euch alle begleitet.

Bedenkt auch, wie viele Menschenkinder sich ihres göttlichen Aspekts noch nicht bewusst sind oder ihn sogar verspotten oder verneinen. Auch für sie muss der Weg geebnet werden, damit sie zur rechten Zeit erkennen und durch die schon umgesetzte Vorbereitungsphase den Weg in die Neue Zeit mitgehen können.

Vertraut auf den in Liebe eingesetzten Schöpferwillen von dem Einen durch uns an euch. Es geschieht alles zu eurem Wohl und eurer Entwicklung, auch wenn ihr es derzeit nicht immer erkennen und annehmen könnt. Übt etwas Demut, und es wird euch leichterfallen. Vertraut auf uns alle, die derzeit bereit sind, für euch zu wirken. Sie alle ehren und lieben euch.

Vertraut!

Amadeii, warum habe ich das Gefühl, dass die Zeit so schnell vergeht?

Halleluja euch. Es ist eine große Wende in eurem Veränderungsprozess eingetreten, der alle Lebewesen, die Natur und Mutter Erde gleichzeitig berührt. Eine Erschütterung der Zeit beginnt, euren Ablauf auf der Erde zu beschleunigen, und eure Zeit rast in einem Tempo vorbei, ohne dass ihr die Wichtigkeit erkennen könnt. Die Rotation von Mutter Erde ist in der zeitlichen Schiene verlangsamt, die Zeit rast bis zu dem Punkt, an dem die Erdbewegung in ihrer Ruhe und die Zeit Vergangenheit, Gegenwart und Zukunft ist. Alles gleichzeitig und so lange, bis eure Erde wieder in den Prozess der Bewegung kommt und die Zeit wieder wirken kann.

Die Prozesse, die bis zum Nullpunkt durchlaufen werden, sind klärend und reinigend. Alte Muster der Klärung werden so deutlich, dass sie nicht mehr übersehen werden können. Alles wird so sichtbar und deutlich gemacht, damit in den alten Energien und Zeiten noch eine Veränderung und Reinigung bei euch stattfinden kann. Nehmt alle derzeitigen Kränkungen, Verletzungen und Begegnungen nicht persönlich, sondern fragt euch nach dem *Warum*. Es hat alles seinen Sinn. Verabschiedet alte, wiederkehrende Muster und geht in die Klärung. So wird ein großer Prozess in euch gestartet, der euch in die Neue Zeit erheben wird.

Auch in eurer Umgebung, auf der Erde, in der Natur und in allen Lebewesen ist dieser Prozess zu spüren. Klärt auf über den Sinn und die Aufgabe dieses Prozesses und erleuchtet die Menschenkinder, die noch im Dunkeln wandeln. Seid hilfsbereit und in Liebe für alle. Seid in der Eigenliebe und Eigenverantwortung, damit der Prozess der Veränderung euch näher an die Neue Zeit heranrückt. Wir sind nun verstärkt bei euch. Lasst unsere Hilfe zu.

Amadeii, kannst du mir etwas über die grassierende Krankheit E-HEC und die Absicht dahinter sagen?

Seid in eurer Liebe und voll des Vertrauens, dass alles mit der Absicht der Veränderung und der Einsicht geschieht. Alles war geplant und ist erst der Beginn einer Serie von Nahrungsmittelverseuchungen und Entartungen, so lange, bis ihr Menschenkinder erkennt, wie wertvoll dieses Gut Nahrung ist und zu welchem Zweck bei euch auf der Erde die Nahrung geplant und eingesetzt wurde.

Wie weit habt ihr Menschenkinder euch von diesem Plan entfernt. Wie sehr habt ihr eure Nahrungsmittel durch Manipulation und Veränderung entartet, wie sehr habt ihr eure Böden, welche die Nahrungsquelle eurer Pflanzenwelt darstellen, verunreinigt, wie sehr habt ihr in eurem Denken und in euren Laboren künstlich geschaffene Nahrung produziert, die letztendlich ein Ausmerzen eurer Böden und somit auch der Qualität eures Pflanzenguts zur Folge hatte?

Erkennt das Paradoxe an eurem Handeln. Ihr setzt künstlichen Dünger zur Massenproduktion auf euren Feldern ein, schon keine Erde mehr, sondern reine Nährsubstanzböden, auf denen ohne natürliche Erde Pflanzen herangezüchtet werden. Diese künstlichen Voraussetzungen hinsichtlich der Nahrungsquellen und des Pflanzenwachstums haben zur Folge, dass eure Pflanzen gezielt ernährt und der Boden dadurch ausgemergelt wird durch immer weitere Bepflanzung, ohne auf den natürlichen Rhythmus der Erde zu achten.

Viel produzieren und einen Überschuss vernichten statt ihn zu verteilen, und wieder neu zu produzieren, um im gleichen Rhythmus mit diesem Unsinn weiterzumachen.

Dieses Handeln ist gegen eure Natur gerichtet und grenzt an Ausbeutung von Natur und Mutter Erde und Missachtung eurer Pflanzen und eurer wirklichen menschlichen Bedürfnisse.

Alle Produkte, die an Manipulationsveränderungen teilgenommen haben, sind nicht mehr in ihrer Genetik so abwehrfähig und wertvoll, dass sie ein gesundes Nahrungsprodukt für den zu Ernährenden, egal, ob Mensch oder Tier, darstellen. Sie wehren zwar Ungeziefer und Schädlinge, wie ihr es nennt, ab, aber durch die Veränderungen der genetischen Information sind sie gleichzeitig anfällig für andere Erreger, wie zum Beispiel den E-HEC Erreger, die nicht in das natürliche Labordenken hineinpassen und abgeändert werden, sondern sich unerkannt vermehren können und so Grundlage für eine neue Spezies von Erregern werden.

Ihr Menschen seid letztendlich die Ursache für die Produktion dieser neuen Spezies. Und noch viele solcher seuchenartigen Erkrankungen werden über eure Lebensmittel den Weg zu euch finden, bis ihr euch wieder bewusst dem Rhythmus der Natur und Mutter Erde angleicht und in diesem Einklang eure Nahrung wachsen lasst – nicht um viel zu produzieren und Geld zu verdienen, sondern um euren Hunger zu stillen.

Es muss niemand Hunger bei euch auf der Erde erleiden, wenn ihr euren normalen Überschuss an diejenigen verteilt, die einen Mangel haben. Und lernt auch wieder, euch von den Nahrungsmitteln zu ernähren, die bei euch in der Umgebung natürlich wachsen. Ernährt euch von den Nahrungsmitteln eures eigenen Kulturkreises. Holt euch keine fremden und weit zu transportierenden Nahrungsmittel in euren Ernährungsplan. Jeder findet reichlich in seiner eigenen Umgebung. Sät, erntet und verzehrt die Produkte, die sich euch in ihrer weiten Güte in eurer Region zur Verfügung gestellt haben. Bleibt in euren Bereichen und lasst die Manipulation an Nahrungsmitteln sein. Sie sind weder gut für die Natur und die Pflanzen, noch sind sie gut für Mensch und Tier.

Verändert euer Denken, und ihr kommt wieder in eine gesunde Ernährung hinein, die euren Zellen genau die wertvollen Informationen zukommen lassen und auch eurem Abwehrsystem die Stabilität geben, die es braucht.

Der Erreger E-HEC ist nicht bewusst künstlich eingeschleust worden, wie so manche von euch vermuten. Auch Schuldzuweisungen über die Grenzen hinaus sind nicht angebracht. Ihr alle seid in der Schuld. Eure Forscher durch die Wahnidee, die Grundlagen der Lebensmittel in den Laboren zu verändern, der Produzent durch nicht sorgsam ausgesuchte Samen und Pflanzen, der Verbraucher durch Forderungen nach Reichhaltigkeit und die ganze Menschheit durch ihr Verhalten ohne Protest gegen diese Praktiken und dieses Denken. Ihr alle tragt so lange die Schuld an dieser Mutation, bis sich euer Bewusstsein verändert hat.

Bis dahin werden in naher Zukunft noch weitere Nahrungsmittelskandale aufgedeckt werden, die Menschen- und Tieropfer zur Folge haben. Werdet wach und erkennt die Absicht hinter diesen Krankengeschichten. Das krankmachende Ergebnis soll euch nicht bestrafen. Für eure Bewusstwerdung müsst ihr nur so lange in die Krankheit getrieben werden, bis auch der Letzte von euch erwacht, erkennt und bereit ist, zu verändern.

Das ist leider bei euch Menschenkindern derzeit so. Ein mahnendes Wort hat keine starke Wirkung bei euch, einzelne Todesfälle werden von euch auch noch leichtsinnig hingenommen, aber eine Epidemie, die in das Haus des Einzelnen durch Krankheit oder Information über eure Medien getragen wird, lässt euch langsam aufwachen. Werdet bewusst und verändert eure Gedanken und euer Verhalten.

Auch die sogenannten Bioprodukte, die viele mit der Absicht kaufen, für sich nur absolut gute und reine Nahrung zu erwerben, stellen nicht das Zeugnis des absolut Guten und Reinen dar. Auch dort gibt es die Veränderungen, weil in der Nachbarschaft Manipulationen über die Luft zum Produkt getragen werden. Und zwar so lange, wie Nahrungsmittel, die in eurer Region nicht heimisch sind, unter dem gesunden und reinen Mäntelchen produziert und verkauft werden. Diese Nahrungsmittel haben nicht die natürlichen Abwehrstoffe eurer Umgebung. Sie verhalten sich anders als eure heimischen Produkte.

Noch eins: Lasst eure Pflanzen sich entwickeln und wachsen, bevor ihr sie in eure Nahrungsaufnahme mit einbezieht. Pflanzen, die nicht entwickelt sind in ihrer natürlichen Art, sondern nach der Keimung direkt verzehrt werden, haben sich noch nicht in allen natürlichen Bereichen entfaltet und gelten in den höheren Dimensionen als eine noch nicht voll entwickelte und somit wertlose Nahrungsquelle.

Wir in den höheren Dimensionen nehmen nur Nahrungsmittel zu uns, die ausgebildet und ausgereift sind und in der direkten Umgebung wachsen und gedeihen. Sie werden von in ihrer Liebe stehenden Lebewesen gepflegt bis zur Ernte und weiterproduziert von anderen in ihrer Liebe stehenden Lebewesen, bis sie zur Nahrung aufbereitet und gegessen werden können. So haben unsere Nahrungsmittel ein sehr hohes Potenzial an Reife, Reinheit und Liebe, die einer optimalen Ernährung entsprechen. Keine krankmachenden und schädlichen Manipulationen und Verunreinigungen verändern unsere Lebensmittel.

Auch unsere Nahrungszuführung entspricht die der Würdigung und des Festes. Wir essen in Demut und Liebe, lassen uns die Zeit, die der Nahrungsquelle gebührt, essen nicht, um satt zu werden, sondern um unseren Zellen bewusst Nahrung zuzuführen. Diese ehren wir und feiern es immer wieder in einem liebevollen Ritual der Würdigung. Verändert also auch euer Essverhalten. Werdet liebevoller zu den Nahrungsmitteln und erkennt die Quelle der Versorgung für eure Zellen. Ohne reine Nahrungsmittel kein reiner Körper und somit auch kein reiner Geist.

Erkennt das Durchgesagte, gebt es weiter an die anderen Menschenkinder und geht langsam in die gedankliche und tätige Veränderung. Es ist für euch und nicht für die anderen. Werdet rein in eurem Körper, und ihr werdet ein gesunder Vorbote für die Neue Zeit werden.

Amadeii, was sollen wir aus den derzeitigen dramatischen und chaotischen Begebenheiten für die Neue Zeit lernen?

Voll in der Liebe und der Freude über euren Kontakt zu mir bin ich gerne bereit, die Notwendigkeit des Chaos und der Veränderung für die Neue Zeit, die Voraussetzung für so manches ist, zu erklären.

Seid in der Freude zu erkennen, wie sich derzeit in allen Bereichen die Wahrheiten manifestieren, Lügen und Intrigen aufgedeckt werden, Wellen der Empörung sich erheben und alle überrennen, die sich verdecken in den Unwahrheiten und in dem Empfinden der Überheblichkeit. Es wird derzeit eine heftige Wahrheitsenergie auf die Erde und ihre Lebewesen gesendet, die alles bisher Dagewesene im Wahrheitsgehalt überprüft und aufdeckt. So werden nicht nur aktuelle Verfehlungen, sondern auch schon in der Vergangenheit erfolglos verdeckte Geheimnisse offenbart und in der vollen Fülle der Wahrheit preisgegeben, um so die restlichen Unwahrheiten und Verbrechen verdeutlichen zu können.

Vertraut darauf, dass vor dem nächsten Aufstieg der Reinigungsprozess in eurem Denken und Handeln geschehen darf, alle eure Taten und alles Denken in der Absicht der Verunglimpfung aufgearbeitet und in Liebe umgewandelt werden sollen, damit ihr uns in reiner Energie gegenübertreten könnt, ohne zu verbrennen.

Der derzeitige Reinigungsprozess erscheint euch sehr heftig, da ihr alle eure Leben in diesen Energien verbracht habt und euer Rechtsbewusstsein sich dadurch schon sehr verändert hat. Eure Gesellschaft ist von Werten geprägt, die mit Liebe und Rechtschaffenheit nicht mehr in Einklang zu bringen sind. Welten von Machtspielen und Unterdrückungen sind als eine Einheit in eurem Leben manifestiert worden, die derzeit aufgeweicht und aufgedeckt werden. Alles für die Zukunft und alles in Liebe. Nicht um euch zu vernichten, sondern um all das umzuwandeln, was euch weit entfernt hat von eurer wirklichen Aufgabe und eurer Liebe.

Während dieser Umwandlungsprozess sich in eurer Welt manifestiert, sucht auch nach euren Verfehlungen, Unterdrückungen und Manipulationen, für und von euch ausgeübt. Geht in euch und setzt alle Voraussetzungen für einen Wandel von Körper, Geist und Seele, der den Weg der Gemeinschaft in Liebe als Zukunft hat. Ihr seid eine Einheit des Einen, niemals einzeln. Erkennt die Stärke und Kraft dieser Aussage. Alles, was ihr den anderen antut, tut ihr auch euch an. Alles, was euch zugefügt wird, wird auch dem Auszuübenden zugefügt.

Erkennt diese starke und richtungsweisende Aussage. Verändert euch in diesem Bewusstsein Schritt für Schritt, und ein wesentlicher Beitrag für die Zukunft und die Neue Zeit ist getan.

Überlegt bei allen Reaktionen, Vorverurteilungen, Gesten und Handlungen, ob ihr in eurer Liebe seid und das Recht habt, so zu handeln und zu denken, um als Projektion die Wahrheit auch bei euch erleben zu dürfen. Die Projektionen aller Handlungen und Gedanken werden in der aktuellen Energiesituation schneller zu euch kommen und auch schneller von anderen wieder zu euch zurückprojiziert werden, damit eine Veränderung des Bewusstwerdens in der Schnelligkeit der jetzt herrschenden Zeit eingeleitet werden kann.

Tut nichts, was ihr nicht möchtet, das man euch antut. Denkt nichts, was ihr nicht möchtet, dass es über euch gedacht wird. Handelt so, wie es auch im Umkehrschluss als Handlung von anderen für euch gut wäre. Kommt in eure Selbstliebe und liebt dadurch auch alle anderen Lebewesen um euch herum. Alle sind aus der Essenz des Einen und somit auch gleich dem euren. Nehmt alles an, ohne Wertungen und Verurteilungen auszusprechen.

Alle Menschen, Tiere, Pflanzen und Natureinheiten der Erde haben ihre Existenzberechtigung, ohne dass ihr bewerten und verurteilen dürft. Sucht den Aspekt von euch in den anderen Energieeinheiten, und ihr werdet erstaunt sein, wie selbst die Schnecke für euch ein liebenswertes Geschöpf des Schöpfers sein kann. Sucht das Liebenswerte. Geht auf Entdeckung aller Lebensformen bei euch auf der Erde, ohne Wertung, sondern in der Akzeptanz des Lebens und der Existenz durch den Einen.

Diese Übungen und Energien, denen ihr derzeit ausgesetzt seid, sind große Wegbereiter, um euch auf das neue Miteinander und Leben in der universellen Einheit aller Wesenheiten vorzubereiten. Denn diese Vielfalt von Leben, die sich derzeit vor euch noch verbirgt, wird sich erst dann öffnen, wenn ihr reinen Herzens und voller Liebe die Andersartigkeiten akzeptieren und tolerieren könnt. Das ist eine hohe Voraussetzung für die Neue Zeit, ohne die ihr nicht bereit sein könnt, in die höheren und liebevollen freien Sphären der universellen Gemeinschaft aufzusteigen.

Übt euch im toleranten und liebevollen Denken, um so eine Voraussetzung zu schaffen, die euch den Weg in die Neue Zeit ebnen wird. Die Lernsituationen sind derzeit mannigfaltig für euch geschaffen, damit ihr im Kleinen und im Großen alle Phasen der Toleranz bei euch und eurer Umgebung ohne Wertung und in Liebe üben könnt. Lernt, nicht immer gegen alles zu sein und Geschehnisse zu verurteilen, sondern versucht euch zu fragen: „Wie hätte ich in dieser Situation reagiert? Welche Absicht stand hinter dem Fehlverhalten, und welche Konsequenzen muss der Agierende nun ertragen?"

Fragt euch, ohne zu verurteilen, und lernt aus diesen Gedankenprozessen. Erhaltet so Erfahrungswerte, die euch in ein persönliches Bewusstsein der Gerechtigkeit für euer Handeln bringen. Nehmt alle Geschehnisse, um daraus zu lernen und euch in eine liebevolle Bahn der gesellschaftlichen Einheit zu bringen. Startet keine Verurteilungen und Selbsterhöhungen. Fragt nach dem Sinn für euch. Was habt ihr persönlich aus dem Geschehenen zu lernen?

Grüßt die Seelen der Lebewesen, die Unheil und Kummer über die Gesellschaft gebracht haben oder noch bringen werden. Seid in Liebe zu den Seelen und schickt ihnen Harmonie und verständnisvolle Gedanken. Auch sie sind Gefangene eurer derzeitigen Strukturen von Macht und Gier und haben die Basis der Vergangenheit mit all den Abfolgen von Erfahrungen und Wissen ihrer Ahnen, die ihnen den Weg vorbereitet haben, um Unterdrückung und Ausbeutung auf eurer Erde zu manifestieren. Seid in Liebe zu diesen Menschenkindern und sendet ihren Seelen viel Licht, damit sie erkennen und sich verändern können.

Das ist der Weg der Veränderung für die Neue Zeit. Jeder Einzelne hat zu erkennen, wo Recht und Unrecht bei seinen Taten war und ist und wie er dieses Verhalten in Zukunft in Liebe verändern kann. Kein anderes Lebewesen hat hier ein Vorrecht, zu verurteilen beziehungsweise zu bewerten.

Amadeii, wenn du sagst, keiner hat hier das Recht, zu verurteilen, wie steht es dann mit unserer Justiz?

Eure Justiz ist keine Justiz der Gerechtigkeit, sondern eine Form von Macht und Wertstellung all derer, die beste Verbindungen und die besten Redner haben. Nicht Recht ist bei euch im Vordergrund, sondern der Weg des Unrecht-Handelns im bewussten Sein durch Zerreden und Vertuschen, um zu unterdrücken und zu kaufen.

Nur einer hätte das Recht, Recht zu sprechen, und dieser Eine ist voll in der Liebe und in dem Verständnis zu und für euch. Dieser Eine liebt alle seine Geschöpfe und nimmt sie liebevoll an, so, wie sie sind. Er verurteilt nicht, sondern versucht, mit Liebe, Verständnis und Bewusstmachung den Kontakt zu seinen Geschöpfen zu erhalten, in der Hoffnung, dass die Erkenntnis über das Geschehene und die Liebe siegen werden.

Oft wurde der Eine ge- und enttäuscht, doch er hat nie verurteilt, sondern seine Liebe noch stärker zu jedem einzelnen Lebewesen geschickt. Niemals verloren, sondern immer wieder in dem Bewusstsein, dass alle Wege letztendlich ins Licht führen.

Amadeii, warum sterben derzeit so viele und, vor allem, so junge Menschen?

Seid alle in der Liebe, ihr Menschenkinder, und vertraut darauf, was ich euch nun zu sagen habe. Sterben ist nur Vergänglichkeit für euch in eurem jetzigen Leben und hat in unseren Dimensionen keine Bedeutung. Es ist eine Umwandlung von Energie, von der einen Form in eine andere. Sterben ist nicht Verlust und Aufgeben, sondern bedeutet Umwandlung und Erreichen einer neuen Lebensform. Ihr Menschenkinder habt einen Schrecken davor, weil Sterben für euch Loslassen, Verlust und Verabschiedung bedeutet.

Ihr werdet in Bälde begreifen, dass diese Verabschiedung keine endgültige ist und ihr immer wieder mit diesen Seelen in Kontakt treten könnt, wann immer ein Treffen vereinbart worden ist.

Doch wie wir hier begriffen haben, ist diese Aussage für euch kein Trost. Und so werde ich versuchen zu erklären, was die Verabschiedung der Menschenkinder – auch der jungen – hier bei euch bedeutet.

Die Seelen, die sich nun sehr dramatisch von euch verabschieden, haben ihren Aufgabenbereich gelebt, und in dem Moment, in dem die Aufgabe erfüllt ist und der Lernprozess stattgefunden hat, hat die Seele zwei Möglichkeiten, die sie dem Menschenkind signalisiert.

Die eine Möglichkeit ist, dass die Seele, die ihre Aufgabe in ihrem Lernprozess erfüllt hat, alle Lernerfahrungen erfahren durfte und somit ihre Aufgabe zur vollen Bedingung erledigt hat, nun zurückgehen darf in ihre Generationsenergien. Das Verabschieden des Körpers hin zu Mutter Erde und das Versenden der Seele zurück in ihren Ursprung ist eine Erlösung für die Seele, und somit verabschiedet sich die Seele im Einklang mit Körper und Geist wieder zurück in ihren Ursprung.

Das ist die Entscheidung der Seele. Die Aufgabe ist erfüllt, und sie verlässt die Erde. Aber nur im körperlichen Bereich. Die Seele selbst existiert weiter und ist für euch in Arbeit und Verbindung. Oft haben die Seelen, die sich entschließen, die Erde nach getaner Arbeit zu verlassen, eine weitere Aufgabe in der neuen Dimension, in der sie für euch wirken und vorbereiten können, so, wie es für euch in eurer derzeitigen Begrenzung noch notwendig ist. Auch wenn ihr es nicht nachvollziehen könnt, diese Seelen wirken weiter für euch in Liebe und sind bereit, für euch Dinge betreuend zu bewirken und zu veranlassen, so, wie ihr es in der Neuen Zeit braucht. Deshalb sendet ein Halleluja zu diesen Seelen, die sich in diesem Bewusstsein für euch nun verabschieden. Es ist ein Wirken für euch und kein Verabschieden und Handeln gegen euch.

Eine weitere Möglichkeit, die einer Seele zur Verfügung steht, ist der Schritt, trotz Erfüllung der Lernaufgabe und Erledigung aller Wege, die zu gehen waren, weiter in dem Menschenkind zu bleiben und weitere Aufgaben zu übernehmen, die sich dann neu definieren. Und wenn eine Seele nach Erfüllung ihrer Aufgabe sich dazu entschließt, den Körper weiter als Haus zu betrachten und zusätzliche Aufgaben zu übernehmen, werdet ihr erkennen, dass der Mensch sich in seinem Wirken verändern wird.

Das sind oft Situationen, in denen sich durch eine Begebenheit, sprich, durch einen Unfall oder eine andere Situation, die einem Nahtoderlebnis nahekommt, sich die Aufgabe wieder erneuert, verändert und somit der Mensch neu beseelt wird und plötzlich ein verändertes Denken und Wirken in sich hat. Oft sprecht ihr Menschen dann davon, dass der Mensch durch seinen Unfall bewusst geworden ist und sich verändert hat. Doch dieses Sein, das sich verändert hat, ist erfüllt durch einen Neuauftrag, den die Seele übernommen hat.

Eine Seele, die sich für diesen Neuauftrag zur Verfügung stellt, hat oft die Erleuchtung mit in ihrem Leben. Das heißt, diese Menschenkinder spüren das Licht nun stärker als zuvor. Sie haben die Möglichkeit, ihr Leben bewusst neu zu gestalten. Das ist Aufgabe des neuen Seelenprozesses, und die Seele ist dann voller Hoffnung, dass der Mensch diesen neuen Weg, mit Licht begleitet, mit ihr zusammen gehen kann.

Doch oft hat die Seele das Problem, dass der Geist sich nicht verändert. Der Geist ist nicht beseelt und auch körperlich nicht beeinflussbar in diesem Veränderungsprozess. Der Geist ist der Motor der Veränderung der Gedanken. Wenn ein Nicht-Wollen in dem Geist ist, ist die Veränderung oft untersagt, und das Menschenkind vertut auf diese Art und Weise die Chance einer Richtungsänderung.

Oft haben Seelen, die sich für diese neue Aufgabe bereiterklärt haben, die Sorge, dass sie das Menschenkind in ihrem Wirken verlieren, denn die Seele darf nicht ungewollt den Menschen auf den Weg bringen. Die Seele hat die Aufgabe, den Weg mit Licht zu begleiten. Doch was nutzt alles Licht, wenn der Geist dem entgegenwirkt. So ist es oft eine schwere Entscheidung für die Seele, wenn die Aufgabe erfüllt ist, ob sie in ihre Ursprungsenergien zurückgeht, sich dort wieder regenerieren kann und in der Leichtigkeit leben darf, oder ob sie einen Neuauftrag übernimmt. Und diesen Neuauftrag mit veränderten Bedingungen, doch mit dem gleichen Geist, erfüllen soll, was nicht immer in fruchtenden Veränderungen aufgehen wird.

So stellt die zweite Wahlmöglichkeit für die Seele nach Beendung ihres Auftrags immer wieder einen Konflikt dar, den die Seele selbst zu lösen hat. Das ist der Bereich, der Beginn einer Inkarnation in der Planung.

Dann gibt es noch eine Möglichkeit, die die Seele erschreckt. Bei euch auf der Erde gibt es Situationen, die nicht in der Planung sind. Informationen, die der Seele vorher nicht gegeben wurden. Und diese Situationen bedingen eine Auswirkung, die der Seele sehr heftig zusetzt. Und zwar ist es die Situation eines nicht vorauskalkulierten Unfalls. Ein Unfall, der nicht gewollt war, der sich durch Einwirkungen von unterschiedlichen Gegebenheiten entwickelt hat und von der Seele nicht vorhergesehen werden konnte. Der von allen Begleitern des Menschenkinds so plötzlich als Istzustand gegeben wurde, dass alle Planungen hier versagen. Diese Unfälle, meistens durch Fremdeinwirkung geschaffen, sind von der Seele nicht geplant, und dann hat diese ein großes Problem. Durch einen Unfall wird sie aus dem Körper herausgeschleudert. Oft befindet sich die Seele dann in einer Starre und in einem Niemandsland, weil sie ihre Aufgabe noch nicht erfüllt hat und sich weiter an den Körper gebunden fühlt. Andererseits hat sie durch den Schrecken eine Lähmung erfahren, die es ihr nicht ermöglicht, in ihre Ursprungsenergien zurückzukehren.

Das ist eine schreckliche Situation für alle. Für das Menschenkind, das sein Leben beendet hat, für die Seele, die sich in einem Zwischenraum befindet, für den Geist, der irritiert ist, und für die Verwandten, die sich nicht verabschieden können und die Seele durch ihre Trauer und ihren Schock noch festhalten.

Ein solches Geschehen benötigt besondere Behandlung, denn hier ist es vordergründig die Seele, die Hilfe benötigt. Sie braucht gedanklich eure Hilfe und Unterstützung, damit sie aus diesem Zwischenraum wieder zurück in ihre Ursprungsenergien gehen kann. Deshalb sendet bei Unfällen, die euch bewusst werden, viele Liebesenergien zu der Seele und bittet um Hilfe, damit die Seele mit Hilfe von Energiewesen in ihre Ursprungsenergien transportiert werden kann. Das ist die dritte Situation.

Einmal das gedankliche Wollen der Verabschiedung, zum anderen das bewusste Wiederaufleben neuer Aufgaben und die Unfallsituation, die nicht geplant ist. Auch wir sind in solchen Situationen hilflos, und unser Hauptanteil ist dann die Betreuung der Seele, damit sie wieder aufsteigen kann. Wir senden auch den Angehörigen Trostenergien, damit das Geschehen in sanfter Form aufgefangen werden kann. Der Verlust ist zwar schmerzhaft und die Zurückgebliebenen befinden sich in einem Schockzustand, aber es kann für sie ein Neubeginn gestartet werden, nachdem der Schock verabschiedet worden ist.

So gibt es die drei Möglichkeiten der Ablösung und Veränderung des Seelenauftrags.

Viele Seelen verabschieden sich im Augenblick bewusst von der Erde. Auch wenn es für euch nicht nachzuvollziehen ist oder ihr sagt, viele junge Menschen verabschieden sich derzeit. Doch vertraut. Viele Verabschiedungen sind geplant, die Gegebenheiten sorgen nach Erfüllung der Aufgabe dafür, dass die Seelen aufsteigen und weiterleben können.

Den Seelen, die durch Schock, einen Unfall oder eine nicht geplante Tat in die Situation der Verabschiedung geraten, gehört unser Mitgefühl.

Auch Unfälle sind dazu da, eine Aufgabe zu lösen, dadurch lernt ihr lieben Wesen der Erde, für diese Seelen zu wirken. Und wenn es euch gegeben ist, die Trauernden zu kennen, nehmt sie liebevoll in eure Gedanken auf und klärt sie in einem Gespräch auf, dass die verabschiedeten Seelen gut aufgehoben sind und die Zurückgebliebenen nach einer ca. 3-monatigen Regenerationsphase der Seele wieder in Kontakt mit den Seelen treten können, damit der Schmerz nicht so stark ist.

Es werden noch viele Menschenkinder in den Energien der Neuen Zeit eure Erde verlassen, und mit Ausnahme des nicht geplanten Unfalls sind alle anderen Veränderungen und Verabschiedungen in der Planung.

Jedes Lebewesen, ob Mensch oder Tier, hat seine Lebensaufgabe und seinen Lebenszyklus. Und jede Seele, die euch verlässt, sagt Halleluja und Danke, dass dieser begrenzte Körper verlassen werden kann. Es ist eine Erleichterung und Erlösung für die Seele. Deshalb versucht umzudenken, dass eine Verabschiedung nicht immer etwas Endgültiges hat, sondern die Loslösung der Seele vom menschlichen Körper ein Halleluja darstellt.

Es ist schwer für euch, diese Dinge nachzuvollziehen. Und viele schwere Situationen werden noch in eure Bereiche eintreten, da noch viele weitere Seelen derzeit darauf warten, die Erde verlassen zu dürfen, mit dem Auftrag, eine Veränderung energetischer Form für euch vorzubereiten.

Es werden auch Seelen die Erde verlassen, deren Wesenheit Mensch sich in und für die Neue Zeit nicht weiterentwickeln will. So hat die Seele die Möglichkeit, in Form einer neuen Inkarnation in einem anderen Bereich diese Entwicklung neu zu starten. Sie hat ebenfalls die Möglichkeit, der Inkarnation den Rücken zu kehren und nicht mehr zu inkarnieren, um dieses Leid nicht noch einmal durchleben zu müssen.

Die Seele kann in ihren Ursprungsenergien bleiben und eine Abspaltung ihrer Seele in einer weiteren Inkarnation eingeben. Das heißt, die Seele inkarniert nicht mehr komplett, sondern nur eine Projektion von ihr, damit eine Seele allein nicht das komplette Leid zu tragen hat. Eine solche Projektion der Seelenenergie ist möglich, damit sie in einer neuen Inkarnation ihre Aufgabe leichter erfüllen kann.

Diese Projektion erleichtert das Erfüllen dieser Aufgabe, weil die Seele in Verbindung mit ihrem anderen Seelenanteil und immer behütet und umsorgt ist. So fällt es der Seele leichter, in dieser Zeit die Aufgaben zu erfüllen, denn das Leben einer Seele in eurem menschlich begrenzten Körper ist eine Heftigkeit mit allen schmerzlichen Erfahrungen, die oft Leid für die Seele bedeuten. Und jede Verabschiedung aus dem Körper ist eine Erleichterung und eine Befreiung für die Seele.

Wenn ihr bewusster werdet, werdet ihr diesen Prozess viel leichter begreifen können. Und je mehr ihr an unsere Energien angebunden werdet, umso deutlicher und leichter werden euch diese Prozesse der Verabschiedung gelingen.

Probiert für euch, das Bewusstsein weit zu öffnen, damit dieser Prozess bei euch Eingang finden kann. Sterben, wie ihr es nennt, ist kein endgültiges Verabschieden und Verlassen. Sterben ist das Aufblühen der Seele in ihrer alten Energieform. Versucht, gedanklich diese Seele zu verstehen und tröstet all jene, die hierbleiben müssen und in Trauer dieser Seele nachweinen. Gebt ihnen die Zuversicht, dass die Seele nicht verabschiedet und verloren ist, sondern sie in Gedanken immer Zugang zu der Seele haben werden. Und dass die Seele wie ein Schutzengel liebevoll betreuend für die Hinterbliebenen wirken wird. Das können Worte des Trostes sein, und ihr bekommt sie nun von mir bewusst gesagt, damit ihr in Zukunft so wirken könnt.

Die Aufgaben vieler Seelen verändern sich derzeit, und viele Seelen werden sich deshalb noch schnell verabschieden. Das Mitgefühl, das bei dieser Verabschiedung stattfindet, geht zum Erdkern von Mutter Erde und gibt dort wieder eine Energie frei, die die Erde in ihrem Sein erhöht. Und auch das ist wichtig für die Neue Zeit, denn auch Mutter Erde braucht immer wieder Impulse der Erhöhung, damit die Neue Zeit, die für euch eine Erfüllung sein wird, realisiert werden kann.

Deshalb müssen noch viele Seelen gehen. Und auch junge Menschenkinder, deren Seelen in Wirklichkeit sehr alt sind. Alte

Seelen beseelten diese Menschenkinder, die bewusster waren, als ihr es je für möglich gehalten hättet. Deshalb lasst nicht das Entsetzen, sondern ein Halleluja in eure Gedanken kommen. Dann wird es in Zukunft leichter für euch werden, loszulassen und Verständnis für diese Situation aufzubringen, da ihr nun bewusster seid.

Durch diese klärenden Worte seid ihr in Zukunft in der Lage, nachzuvollziehen, was und warum etwas passiert oder ob von eurer Seite Hilfe stattfinden muss. Ihr habt nun die Aufgabe, so zu wirken, wie es sein soll.

Nun erlaube ich, dass ein Seelenanteil von mir in euren Geist eindringt, und ihr erhaltet eine Erhöhung eures Geistes. Der Kopfdruck, der sich jetzt bei euch ausbreitet, macht euch bewusst für diese Neue Zeit und auch für die Verabschiedung und andere Gegebenheiten, die von euch zu verstehen sind. Spürt den Kopfdruck und nehmt ihn liebevoll an. Wirkt in diesem Geist und in diesem Bewusstsein und habt Verständnis für die Verabschiedung, ohne Trauer und ohne Entsetzen.

Amadeii, was sagt die Geistige Welt zum Thema Sterbehilfe?

Es reiht sich ein Wissen an das andere, so, wie es für euch in der Neuen Zeit von Notwendigkeit ist, um gewisse Regeln und Gesetze des Universums einzuhalten. So steht auch bei diesem Thema das universelle Gesetz der Unantastbarkeit des freien Willens und der ethischen Gesetzgebung im Vordergrund.

Ihr werdet in dem Bewusstsein geboren und aufgezogen, dass der Mensch das einzigartige Wesen auf Erden ist, und in dieser Einzigartigkeit ist es euch nicht erlaubt, über euer Leben und auch über euer Ableben zu entscheiden. Eine Gesellschaft mit einer doppelten Moral möchte sich darüber erheben, euch zu dominieren und für euch eure Lebensqualität festzulegen.

Bitte begreift, dass nicht allein eine Antwort und eine Entscheidung in dieser Frage die richtige sind, sondern dass nur die Situation die Antwort geben kann und keine Institution.

Zum einen erkennt das Dahinvegetieren, wenn der Geist den Körper verlassen hat und die Seele nicht mehr in der Lage ist, für den Menschen, in dessen Körper sie noch verankert ist, zu sorgen, sondern diesen Körper zu verlassen und so ein Verabschieden aus diesem Leben einzuleiten. Das ist eine Situation, in der der Mensch seinen Lebensweg und seine Erfahrung erfüllt hat und nun den letzten Schritt nicht alleine vollziehen kann. Hier wird in den höheren Dimensionen nach Kontakt mit der Seele die Entscheidung der Seele, den Körper zu verlassen, akzeptiert und eine Hilfe zur Verabschiedung aus diesem Körper und diesem Leben ermöglicht.

Ein weiterer Fall wäre die Situation, lebensmüde zu sein. Hier ist der Geist derjenige, der dem Menschen den Willen und den Mut, weiterzuleben, nimmt. Es gibt viele Gründe in eurer Welt, in der ihr euch gedanklich mit Selbstmord oder Aufgeben und Loslassen des Lebens als Ausweg aus einer ausweglosen Situation oder in Situationen der Einsamkeit oder der Angst, das Leben nicht mehr meistern zu können, beschäftigt. Hier liegt eine Beeinflussung und Manipulation des Geistes über das Leben vor und hat mit der Aufgabe des Menschen und der Erfahrbarkeit des Seelenauftrags nichts zu tun. In solch einem Fall wird in den höheren Dimensionen der Geist behandelt, damit er wieder in Harmonie kommt und den Menschen wieder ein Lebenswille gibt. Bei euch auf der Erde ist eine solche Energiehilfe für den Geist noch nicht weit verbreitet.

Eine weitere Ursache, dem Leben ein Ende setzen zu wollen, kann in einer ausweglosen Situation liegen, in der ein Menschenkind keine Lösung mehr für seine Lebensaufgabe sieht. Keinen Weg mehr sieht, wie es sein Leben lebenswert und ohne Sorgen gestalten kann. Das kann eintreffen, wenn Verfehlungen oder Missgeschicke den Menschen so emotional aus der Bahn geworfen haben, dass er keine Zukunftsperspektive erkennt.

Einem solchen Menschen gilt es auch in unseren Ebenen die Hand zu reichen und seine Probleme liebevoll aufzulösen und zu erleichtern, damit wieder ein Lebensziel und Lebensmut in den Geist kommen, um seine Aufgabe auf der Erde erfüllen zu können. Hier habt auch ihr auf der Erde schon Hilfsmöglichkeiten, die ihr anbieten könnt.

Unheilbare Krankheiten und die Angst vor Schmerz und Leid können in vielen Fällen ebenfalls Auslöser für den Wunsch nach Sterbehilfe sein. Hier ist das Heilen und Lindern im Vordergrund, sodass eine Lebensperspektive wieder Lebensmut bringt. Und sich eine Möglichkeit bietet, sich den Ursachen der Erkrankung zu stellen, damit der Krankheit die Grundlage entzogen werden kann.

Es gibt mannigfaltige Gründe, warum Menschen sich mit Sterbehilfe auseinandersetzen und von einem anderen Lebewesen eine Hilfe wünschen, die bei euch gesetzlich verboten ist. Es ist im Vordergrund eine Tat, die den endgültigen Tod in dieser Welt als Endresultat hat und als solches nicht leichtfertig zu beschließen ist.

Wenn ihr den alternativen Tod wählen möchtet, verstrickt bitte andere Lebewesen nicht in diesen aktiven Prozess, denn ihr missachtet ein Gesetz. Helft euch selbst, indem ihr für euch aktiv werdet. Doch seid euch gewiss, wenn ihr diesen Schritt der Beendigung eures Lebens wählt und eure Seele ihren Seelenauftrag und ihr eure Lebensaufgabe noch nicht erfüllt hat, wird eure Seele nicht in Frieden aus dem Körper scheiden können, um den Prozess der Regeneration zu beschreiten, sondern sie wird aus dem Körper herausgebeten und hat diese Situation als Versagen anzusehen. Sie quält sich, hat Angst, sich nicht bewährt zu haben, lebt in der Zwischenwelt, ohne in die Regeneration gehen zu können, und unterliegt einem Prozess der Qualen und der Hilflosigkeit, die so einfach von der Seele nicht bereinigt werden kann.

Eine Möglichkeit, sich noch einmal zu qualifizieren, besteht darin, wieder in einen Körper zu inkarnieren, mit gleichem

Thema und gleicher Aufgabe, allerdings mit anderen Voraussetzungen, die das Lösen dieser Aufgabe um ein Vielfaches erschweren. Die Lebensbedingungen werden schwerer in der neuen Inkarnation, um sich so besonders gut bewähren zu können. Das ist eine schwierige Situation für die Seele und den Menschen, in den die Seele inkarniert ist.

Helft im aktuellen Leben der Seele, damit sie nicht in eine wiederholte Inkarnation hineingedrängt wird. Helft den Menschen, die die Sterbehilfe als einzigen Ausweg ansehen. Überdenkt mit ihnen zusammen die Situation und sucht Lösungen. Bietet lebenswerte Hilfen an in medizinischen, gesellschaftlichen und familiären Bereichen. Der Wunsch nach Sterbehilfe ist oft das Signal, mit der aktuellen Lebenssituation aus unterschiedlichen Gründen nicht mehr klarzukommen. Helft diesen Menschen, wieder Lebenssinn und Lebensqualität zu erhalten. Das ist jeder Sterbehilfe vorzuziehen.

Sollte die Seele ihren Seelenauftrag erfüllt haben, hat sie jederzeit die Möglichkeit, in Harmonie und Übereinstimmung mit dem Menschenkind durch ein 3-tägiges Ritual den Körper in eine Situation zu bringen, dass er sich schlafen legt und nicht mehr aufwacht. Dieses Ritual ist jeder Seele bekannt und eine legitime Art, aus dem Leben zu scheiden.

Vergesst auch bei dem Ansinnen einer Sterbehilfe nicht diejenigen, die ihr in die Situation der tätigen Sterbehilfe bringt. Ihre Seelen erfahren ein bewusstes Überschreiten eines Gebots, das nicht einfach zu verarbeiten ist.

Im Vordergrund bei einer Hilfe zum Sterben steht immer der Seelenauftrag, und dieser ist vor aktiver Ausführung immer zu erfragen. Der Kontakt zur Seele gibt Aufschluss über das Ja oder Nein zur Sterbehilfe. Versucht für euch, in Zukunft diesen Weg zu überdenken. Wir in den höheren Dimensionen leben immer im Einklang mit der Seele und dem Seelenauftrag. Findet den Seelenauftrag heraus und entscheidet dann für euch selbst.

Eine schwere Entscheidung für euch, das erkennen wir. Doch seid bei allem, was ihr tut, in eurer Liebe.

XIII. Abschlussworte von Amadeii

Der Weg zu eurem heilen Ursprung –
Klärung eurer Ur-Themen

Frieden zu euch und zu eurem Erkennen, was derzeit bei euch geschieht. Es ist eine Situation der Klärungen und Heftigkeiten, die euch derzeit an eure Grenzen bringen und alles auf den Kopf stellen. Es ist die Klärung eurer Ur-Themen, die sich bei euch entfalten, an die Oberfläche drängen und von euch gesehen werden möchten. Seht euch eure Themen genau an, traut euch, auch eure dunkelsten Gedankengänge und Empfindungen als ein Teil von euch anzusehen und anzunehmen, damit ihr für die dunklen Energien in euch Raum habt, um sie anzunehmen und zu verabschieden

Alles ist Polarität. Und Hell und Dunkel gehören zu euch wie der Atem zu eurem Leben. Gebt euch dieser Polarität ohne Wertung hin und erkennt das Muster, das sich immer wieder deutlich bei euch wiederholt.

Jetzt habt ihr die Chance, das Grundthema eures Lebens deutlich zu erkennen und in Liebe aufzulösen. Es ist nicht einfach, das sehen wir, aber wir stellen euch für diese Aufgaben so viele Lösungswege und Hilfen zur Seite, dass ihr euch trauen könnt, euch weg vom Dunkel ins helle Licht zu bewegen. Erkennt eure Zellen, die bereit sind, sich wieder von dem Licht und der Energie des Einen versorgen zu lassen. Erkennt die Lösung eurer derzeitigen Probleme als ein Teil eurer Manifestierung des Seins im Hier und Jetzt. Geht es voller Liebe an.

Umarmt bewusst die Dunkelheit. Seid ganz bei euch und erkennt die Wertigkeit der Dunkelheit und die einzelnen Lernschritte dadurch. Denn ohne Dunkelheit gibt es kein Erkennen und kein Hinwenden zum Licht. Sprecht mit eurer dunklen Seite. Lasst sie für euch wirken, um zu erkennen, was von euch noch zu verändern ist. Erkennt und verändert.

Das sind die Ur-Informationen und Fehlprogrammierungen in euren Zellen, die sich nun offenbaren. Geht hin und verändert diese falsch programmierten Informationen und Bilder in eurem Leben in die Richtigkeit. Lernt, dass dies alles von euch erworben und nicht von dem Einen für euch mitgegeben wurde. Erkennt, dass eure Zellen wieder in ihre alte Wirkungs- und Heilfunktion geführt werden dürfen, damit Heilung auf allen Ebenen bei euch einkehren darf.

Vertraut, dass alle derzeitigen heftigen Themen mit dieser Urfunktion und der erworbenen Fehlschaltung in euren Zellen zu tun haben und dass nur durch Erkenntnis und Liebe eure Zellen wieder in die richtige Funktion gebracht werden können. Stellt euch diesen Themen in allen Bereichen, seien es Familie, Gesellschaft oder Staaten. Seht auch euer Weltgeschehen unter diesem Aspekt der entarteten, umprogrammierten Zellen, die wieder ins bewusste Licht gebracht werden müssen. Das kann nur mit Liebe geschehen und nicht mit Gewalt.

Verständnis, miteinander zu sprechen und zu handeln in Liebe sind hier wichtiger als alle Aggressionen der Welt. Gebt Mitgefühl und liebevolle Gedanken in diese Geschehnisse. Wertet bitte nicht. Auch euch könnte eine solche Situation treffen und überrollen. Schaut sie euch in Liebe an, sucht den Kern des Geschehens, erkennt die Aussage dahinter und verabschiedet sie in Mitgefühl und Liebe. Lasst los und wandelt die fehlprogrammierten Ur-Informationen, die euch selbst betreffen, um in Energie und Liebe. Das ist euch von dem Einen mitgegeben worden und hat die höchste Heilkraft, die in euch für alle eure Ebenen ruht, im körperlichen, geistigen und seelischen Bereich.

Erkennt die derzeitigen Themen der manipulierten und veränderten Ur-Informationen in und um euch herum und verändert durch Bewusstmachung. So ist es für euch möglich, die derzeit heftigen herausdrängenden Themen, die lange in euch geschlummert haben, aufzulösen und zu verabschieden.

Seid euch in Liebe bewusst über eure Daseinsform. Ihr seid Licht, und durch Licht und Beleuchtung kommt ihr in die Veränderung und die Abheilung und somit wieder in euren Ursprung und zur Ur-Information eurer Zellen.

Dies für euch zum Trost.

Amadeii

Über die Autorin

 Ingeburg Maria Schmitz wurde 1957 in Bonn geboren. Nach Abitur, Studium und langjährigem Wirken in kaufmännischen Bereichen kam sie durch eine persönliche Krise mit der Reiki-Energie in Kontakt, erst als Empfängerin, dann als Auszubildende und später als Praktizierende. Seit 1999 ist sie als spirituelle Heilerin und Lehrerin tätig, und die Energiearbeit gehört zu ihrem täglichen Dasein.

Seit 2003 arbeitet sie als Heilpraktikerin für Mensch und Tier.

Seit 2004 ist sie in Kontakt mit den Erzengeln Metatron, Raphael und Uriel sowie der Aufgestiegenen Meisterin Lady Rowena, die ihr Handeln und ihre persönliche Weiterentwicklung hilfreich begleiten. Viele Behandlungsmöglichkeiten wurden ihr von diesen Energien als Wissen zur Verfügung gestellt.

Seit 2009 erhält sie Botschaften von Amadeii, mit dem Auftrag, diese den Menschen zukommen zu lassen.

Als Kanal erfuhr sie eine Vielzahl von Wahrheiten, die für ihr irdisches Dasein oft schwer erfassbar waren. Doch heute lebt sie in Demut mit ihrem Wissen.

www.amadeii.de
info@amadeii.de